Cocina Acogedora. Recetas clásicas y creativas de comida reconfortante

100 RECETAS CÁLIDAS Y ACOGEDORAS PARA HACER EN CASA. Platos clásicos y creativos para el desayuno, el almuerzo, la cena y el postre: macarrones con queso, pastel de carne, guisos, sopas, guisos, tartas, pasteles, productos horneados, acogedores y nostálgicos

Lorena Romero

Copyright Material © 2023

Reservados todos los derechos

Sin el debido consentimiento por escrito del editor y del propietario de los derechos de autor, este libro no se puede usar ni distribuir de ninguna manera, forma o forma, excepto para citas breves utilizadas en una reseña. Este libro no debe considerarse un sustituto del asesoramiento médico, legal o profesional.

TABLA DE CONTENIDO

- TABLA DE CONTENIDO 3
- INTRODUCCIÓN 6
- DESAYUNO 7
  - 1. Panqueques De Yogur Con Batido De Licuadora 8
  - 2. Avena del suelo del bosque 10
  - 3. Desayuno en el mercado de agricultores 12
  - 4. Frittata de queso de cabra y sobras de verduras 15
  - 5. Tortilla De Krauty 18
  - 6. Batido de postre con sabor a fruta, nuez y jengibre 20
  - 7. Avena y verduras saludables 22
  - 8. Leche Dorada 24
  - 9. Mezcla de especias de leche dorada 26
  - 10. Masala Chai 28
  - 11. Kitchari 30
  - 12. Pudín de arroz integral 33
- BOCADILLOS SALUDABLES 36
  - 13. Almendras Romero-Tamari 37
  - 14. Mezcla de frutos secos de coco y wakame 39
  - 15. Chips de col rizada con aceite de oliva 41
  - 16. Palomitas Shichimi 43
  - 17. Encurtidos de zanahoria, jengibre y habanero 45
  - 18. Hummus de alubias blancas con perejil 48
  - 19. Jalapeño-Pesto Hummus 50
- VERDURAS 52
  - 20. Verduras carbonizadas con labneh especiado 53
  - 21. Ensalada morada de tahini 56
  - 22. Una batata asada 58
  - 23. Pastel de gruyère, puerros y acelgas 60
  - 24. Pastel de espinacas de mamá 63
  - 25. Patatas Y Calabaza Gratinadas 66
  - 26. Pan de salchicha y brócoli 69
  - 27. Pan de brócoli con queso cheddar ahumado Krauty 72
- CENA DE AÑO NUEVO 75
  - 28. Chile Fresno y pan de maíz con queso cheddar blanco ... 76
  - 29. Frijoles de ojo negro veganos Cal-Italian 78
  - 30. Acelga salteada 80
- ENSALADAS Y ADEREZOS 82
  - 31. Aderezo de limón y tamari sin receta 83

32. Aderezo de jengibre y sésamo 85
33. Vinagreta de chalota 87
34. vinagreta de ensalada picada 89
35. Rancho probiótico 91
36. La California hippie 93
37. Chuleta cargada de vegetales 95
38. Ensalada de pollo con jengibre y cilantro 98
39. Crudités de ensalada César 101
40. Ensalada con Crutones y Ranch Probiótico 103
41. Crutones De Queso Cheddar 105
42. Ensalada de tomate y cúrcuma con hierbas fritas 107
43. Una ensalada griega apropiada 109
44. Ensalada de algas de despensa 111

PASTAS Y TALLARINES 113

45. Salsa de tomate básica 114
46. Pasta de pavo 117
47. Pasta con brócoli 121
48. Pasta con salchicha y brócoli 124
49. Pasta de brócoli y anchoas 127
50. Pasta con salsa de tomate con romero y tocino 130
51. Pasta con salsa de romero y champiñones 133
52. Pasta con salsa de almejas y mantequilla shoyu 136
53. Pasta de despensa borracha a altas horas de la noche 139
54. Pasta Fazool 141
55. Fazool de verano cálido reliquia 144
56. Pesto de vegetales verdes 148
57. Pasta verde al pesto 151
58. Pesto de miso y espinacas 153
59. Pasta al pesto con miso 155
60. Miso Pesto Soba 157
61. Soba frío de sésamo 159
62. Ensalada de fideos de arroz con col rizada y edamame 161

SOPAS Y GUISADOS 163

63. Minestrone de mamá 164
64. Minestrone vegano con pesto de miso 168
65. sopa de miso 171
66. Arroz caldoso de camarones 173
67. Chili con carne escasa 176
68. Sopa de fideos con pollo italiana judía 179
69. Sopa De Fideos Con Pollo Y Jengibre Y Cilantro 182

ARROZ Y FRIJOLES 185

70. Frijoles Krauty 186
71. Frijoles y verduras rápidas para uno 188
72. Frijoles Blancos Con Salchicha Y Col Rizada 190
73. Cuenco de champiñones y espinacas 193
74. Lentejas pomodoro con espinacas y frijoles 196
75. Arroz, verduras calientes y queso cheddar blanco marchito 199
76. Arroz Verde y Frijoles Negros 202
77. Arroz frito con sobras de vegetales 205
78. Tofu Mapo Vegano 208

CASI TOTALMENTE PROTEÍNAS 211
79. Migas de pan Panko con hierbas 212
80. Mozzarella Marinara 214
81. Filete De Lenguado 217
82. Milanesa de pollo 220
83. Pollo Parmesano 224
84. Albóndigas De Pavo 226
85. Pollo asado con miso y vegetales en una sartén 230
86. Pollo asado crujiente con mantequilla de chile y cebollín 233

POSTRE 237
87. Sándwiches de helado All Star 238
88. Tarta De Crema De Manzana 240
89. Albóndigas De Manzana Con Salsa 242
90. hojaldre de manzana y limón 245
91. Crujiente de frambuesa y manzana 247
92. medias lunas de manzana y nuez 249
93. Tarta de albaricoque y bayas 251
94. Dulce de mantequilla de maní 253
95. Famoso pastel de queso con caramelo 255
96. Galletas de nueces austriacas 258
97. Pastel de puré de manzana y plátano 260
98. Pastel de chips de plátano 263
99. Pastel de plátano 265
100. Sundaes de plátano y ron para dos 268

CONCLUSIÓN 270

INTRODUCCIÓN

No hay nada como un buen plato de comida reconfortante para calentar tu alma y sacarte una sonrisa. Ya sea un tazón de macarrones con queso cremoso, un estofado de ternera abundante o una rebanada de pastel de manzana tibio, la comida reconfortante tiene una forma de hacer que todo se sienta bien en el mundo.

En este libro de cocina, reunimos 100 de nuestras recetas favoritas de comida reconfortante para compartirlas contigo. Desde platos clásicos que se han transmitido de generación en generación hasta giros creativos en viejos favoritos, este libro de cocina tiene algo para todos.

Hemos dividido las recetas en cuatro secciones: desayuno, almuerzo, cena y postre, para que pueda disfrutar de comida reconfortante en cualquier momento del día. Comience bien la mañana con una pila de panqueques esponjosos o un tazón de guiso de desayuno salado. Para el almuerzo, pruebe un clásico sándwich de queso a la parrilla o un tazón de sopa cremosa de tomate. Cuando llegue la hora de la cena, lo tenemos cubierto con recetas para todo, desde pastel de carne hasta pastel de pollo y ziti horneado con queso. ¡Y no te olvides del postre! Deléitese con una rebanada de pastel de chocolate o un zapatero de bayas tibio.

Cada receta de este libro de cocina incluye instrucciones paso a paso y hermosas fotografías, para que pueda ver exactamente cómo debe verse su plato. También hemos incluido consejos y trucos para lograr el sabor y la textura perfectos, para que pueda recrear estos platos clásicos con facilidad.

Entonces, acompáñanos en un viaje por el mundo de la comida reconfortante y descubre la alegría y el consuelo que estos platos pueden traer a tu vida.

DESAYUNO

1. Panqueques De Yogur Con Batido De Licuadora

Rinde de 10 a 12 panqueques

¾ taza (75 g) de copos de avena
⅔ taza (125 g) de harina de trigo sarraceno
2 huevos grandes
1½ tazas de yogur natural
½ cucharadita de ralladura de limón
1 cucharada de jugo de limón fresco
½ cucharadita de levadura en polvo
½ cucharadita de bicarbonato de sodio
¼ de cucharadita de sal marina fina
½ cucharadita de extracto de vainilla
1 cucharadita de miel
Para servir: mantequilla, jarabe de arce y sal marina en escamas

En una licuadora, combine la avena, la harina de trigo sarraceno, los huevos, el yogur, la ralladura de limón, el jugo de limón, el polvo de hornear, el bicarbonato de sodio, la sal, la vainilla y la miel. Mezcle hasta que la mezcla esté completamente combinada, raspando los lados de la licuadora si es necesario, para desalojar los grumos de trigo seco.
Caliente una plancha o sartén a fuego medio-alto. Vierta la masa en el tamaño deseado (me gusta usar una cucharada de ⅓ de taza por panqueque). La masa debe burbujear ligeramente. Cuando esté dorada por un lado, voltéala con una espátula y presiónala suavemente para asegurarte de que toda la tortita haga contacto con la superficie de calentamiento.
Una vez que cada panqueque esté dorado por el otro lado y bien cocido, transfiéralo a un plato y decórelo con el trío impecable de mantequilla, jarabe de arce y sal.

2. Avena de suelo de bosque

Sirve 1

½ taza de copos de avena
¼ taza de almendras rebanadas
¼ taza de hojuelas de coco sin azúcar
½ cucharadita de semillas de chía
1 cucharada de mantequilla sin sal
Sal
Cucharada de yogur natural

En una olla pequeña, cocina la avena según las instrucciones del paquete.
Mientras tanto, calienta una sartén a fuego medio hasta que esté tibia al tacto. Agregue las almendras rebanadas y tuéstelas en la sartén seca, revolviendo la sartén ocasionalmente, durante 90 segundos. Agregue el coco y las semillas de chía y continúe tostándolos, revolviendo con frecuencia, hasta que estén todos tostados y dorados, de 3 a 4 minutos más.
Una vez tostados, retira del fuego, agrega la mantequilla y una pizca de sal, y revuelve la mezcla hasta que la mantequilla se derrita y haya cubierto el resto de los ingredientes. Deja la sartén a un lado.
Vierta la avena en su tazón. Esparza la cobertura crujiente de almendras, coco y chía por toda la superficie de la avena. Agregue una cucharada de yogur frío al tazón y cómalo de inmediato, agregando más yogur o sal como mejor le parezca.

3. Desayuno en el mercado de agricultores

Sirve 2

3 cucharadas de mantequilla sin sal
2 ramitas de romero fresco
1 cucharada de tamari, y más al gusto
8 onzas de champiñones mixtos desgarrados o cualquier hongo que te guste (asegurándote de quitar los tallos duros, como los de los shiitakes)
1 cucharada de aceite de oliva, y más para terminar
3 cucharadas de chalotes finamente picados (aunque puedes sustituirlos por cebollas)
1 manojo (alrededor de 6 onzas) de espinacas, lavadas y relativamente secas
¼ de cucharadita de pimiento rojo molido
Sal
½ limón
4 huevos grandes
1 onza de queso de cabra (o cualquier queso que te guste)
Pimienta negra recién molida

En una sartén o sartén, derrita 2 cucharadas de mantequilla a fuego medio. Una vez que se derrita, agregue las ramitas de romero y déjelas tostar durante unos 30 segundos. Agregue el tamari y revuélvalo para combinar. Agregue los champiñones y saltee, revolviendo ocasionalmente, hasta que estén completamente cocidos y tiernos, aproximadamente 8 minutos, dependiendo de los tipos de champiñones que esté usando. Deseche los tallos de romero (deje las hojas atrás).
Divide los champiñones entre dos tazones para servir. Deje cualquier líquido extra en la sartén.
Regrese la sartén a fuego medio y agregue el aceite de oliva y los chalotes. Saltee hasta que se ablande, aproximadamente 1 minuto. Aumente el fuego a alto, espere 30 segundos, luego agregue las espinacas y el pimiento rojo triturado. Sazone ligeramente con sal

y revuelva constantemente hasta que la espinaca esté marchita pero no blanda, alrededor de un minuto.

Coloque con una cuchara o vierta las espinacas junto a los champiñones, divididas entre los dos tazones. Exprimir un poco de limón sobre las verduras.

Mientras tanto, regrese la sartén a la estufa, reduzca el fuego a bajo y agregue la 1 cucharada de mantequilla restante. Casca los huevos en un tazón mediano y desmenúzalos en el queso de cabra. Bate ligeramente los huevos, luego agrégalos a la sartén, cocina los huevos revueltos como más te gusten. Me gusta inclinar la sartén y pasar una espátula de silicona por ellos, repitiendo el movimiento hasta que tengas hebras de huevo largas y esponjosas. .

Sazonar los huevos al gusto con sal y pimienta y emplatarlos junto a las verduras (o dejar que los demás comensales sazonen sus propios huevos). Coma inmediatamente.

4. Frittata De Queso De Cabra Y Restos De Verduras

Sirve de 2 a 4

2 cucharadas de aceite de oliva

2 dientes de ajo, picados

¼ de cucharadita de pimiento rojo molido, o al gusto

Alrededor de 2 tazas de brócoli o tallos de coliflor cortados en cubitos

Sal y pimienta negra recién molida

4 huevos grandes

2 onzas de queso de cabra

Ralladura de ½ limón

Equipo Sartén a prueba de asadores de 11 pulgadas (o algo lo suficientemente parecido en tamaño: cuanto más ancha sea la sartén, más delgada será la frittata) y una espátula de silicona

Precaliente el asador a temperatura alta.

En una sartén a prueba de asar, caliente el aceite a fuego medio hasta que esté brillante. Agregue el ajo y saltee hasta que se ablande, de 1 a 2 minutos. Agregue las hojuelas de pimiento rojo triturado y déjelas tostar durante 30 segundos. Agregue los tallos cortados en cubitos y sazone al gusto con sal y pimienta negra. Continúe salteando, revolviendo ocasionalmente, hasta que estén tiernos, unos 8 minutos.

Mientras tanto, en un bol, batir los huevos y una pizca de sal hasta unificar.

Cuando las verduras estén tiernas, retira la sartén del fuego. Agregue los huevos y revuelva rápidamente toda la mezcla. Incline la sartén hacia adelante, hacia atrás, hacia la izquierda y hacia la derecha, permitiendo que los huevos llenen los espacios y formen una especie de círculo. Usa el extremo de una espátula de silicona para deslizar entre los bordes más alejados del huevo y la sartén, soltando los pedacitos delgados que estén pegados a las paredes, y déjalos caer hacia el resto de la frittata.

Rocíe la parte superior de la frittata con queso de cabra, luego espolvoree con la ralladura de limón y un poco de pimienta recién molida.

Coloque la sartén debajo del asador durante 1 a 2 minutos (dependiendo de su asador), solo para cocinar hasta que los huevos estén listos y los bordes de la frittata se hayan dorado a su gusto.

Con una agarradera o un paño de cocina, retire con cuidado la sartén del horno. Agítalo, debería deslizarse cómodamente. Deslice la frittata directamente sobre una tabla de cortar. Cortar en cuartos y servir inmediatamente.

5. Tortilla De Krauty

Sirve 1

1 cucharada de mantequilla sin sal, aceite de oliva o aceite de chile
2 huevos grandes, bien batidos
¼ taza de chucrut bien escurrido
Sal y pimienta negra recién molida
Equipo Sartén antiadherente de 11 pulgadas más o menos (cuanto más ancha sea la sartén, más delgada será la tortilla) y una espátula de silicona

En una sartén antiadherente, caliente la mantequilla (o el aceite) a fuego medio-bajo. Una vez que la mantequilla se haya derretido (o el aceite se haya extendido por el fondo de la sartén), agregue los huevos batidos e incline la sartén para que el huevo llegue hasta los bordes.
Esparce el chucrut en un arreglo agradable sobre los huevos. Sazone la tortilla con sal y pimienta (teniendo en cuenta que el chucrut ya tiene sal) y vuelva a inclinar la sartén con movimientos circulares para que los charcos de huevo se extiendan uniformemente por todas partes. Use una espátula de silicona para levantar suavemente el huevo de los bordes de la sartén. Continúe cocinando, agitando la sartén de vez en cuando, hasta que los huevos estén cocidos a su gusto.
Deslice la tortilla en un plato y cómala inmediatamente.

6. Batido de postre con sabor a fruta, nuez y jengibre

Sirve 1

½ taza de yogur natural o jugo de naranja (o una combinación de ambos), y más según sea necesario
1 taza de fruta congelada, como fresas, duraznos, arándanos y/o piña
perilla de ½ pulgada de jengibre fresco
2 cucharaditas de semillas de chía
2 cucharadas de mantequilla de almendras salada (o sin sal, más una pizca de sal)
Licuadora de equipos

En una licuadora, combine todos los ingredientes y mezcle hasta que quede bastante suave, revolviendo o sacudiendo ocasionalmente la licuadora para que se mezcle con la menor cantidad de líquido posible, solo agregue un chorrito o más según sea absolutamente necesario.
Transfiere el batido a una taza y cómelo con una cuchara o una pajilla reutilizable.

7. Avena y verduras saludables

Hace alrededor de 16 onzas

2 tazas de agua (o 1½ tazas de agua y ½ taza de kéfir sin azúcar o yogur natural)
½ taza de copos de avena
1 cucharada de semillas de lino molidas o 1½ cucharadas de semillas de lino enteras
1 cucharada de semillas de chía
1 taza de bayas congeladas, como arándanos, fresas, arándanos rojos o una mezcla
2 tazas de verduras saludables empacadas sueltas o 1½ tazas de verduras congeladas
½ cucharadita de polvo de jengibre molido o una nuez de jengibre fresco de 1 pulgada
½ cucharadita de cúrcuma molida
Twist de pimienta negra
Licuadora de equipos

En una licuadora, combine todos los ingredientes y mezcle hasta que quede bastante suave, agregando más agua si la mezcla es más espesa de lo que prefiere.
Transfiera la licuadora al refrigerador y déjela reposar durante 15 minutos, dejando que la avena florezca en el líquido, lo que también espesará el líquido, de modo que si queda demasiado espeso después de reposar, puede agregar otro chorrito de agua, licuar de nuevo, y luego beber.

8. leche dorada

Sirve 1

1 taza de leche entera
½ taza de agua
½ cucharadita de Golden Milk Spice Mix (receta a continuación)
Equipamiento Recipiente de fondo pesado y tamiz de malla fina

En una olla de fondo grueso, combine la leche, el agua y la mezcla de especias de leche dorada y hierva a fuego medio-alto. Reduzca el fuego a un punto de ebullición constante y suave y revuelva la mezcla. Cocine a fuego lento durante 3 minutos y luego cuele a través de un tamiz de malla fina en una taza y disfrute.

9. Mezcla de especias de leche dorada

Hace alrededor de 3½ cucharadas
4 cucharaditas de cúrcuma molida
3 cucharaditas de cardamomo molido
2 cucharaditas de jengibre molido
1 cucharadita de canela molida
¼ de cucharadita de clavo molido
¼ de cucharadita de nuez moscada molida
Mezcle todo junto y guárdelo en un frasco con tapa de rosca.

10. **masala chai**

Hace 2 porciones

2 tazas de leche entera (o leche de soya, almendras o avena)
1 taza de agua
1 cucharada más 1 cucharadita de vainas de cardamomo verde
¼ de cucharadita de granos de pimienta negra
Un trozo de canela de aproximadamente 1½ pulgadas, golpeado y partido con el dorso de un cuchillo
1½ cucharadas de jengibre fresco picado
2 cucharadas de té negro de hojas sueltas, como pekoe de naranja
2 cucharadas de azúcar blanca granulada
Equipo Olla mediana, molinillo de café y colador de malla fina o colador de té

En una olla mediana, combine la leche y el agua y póngala a fuego medio.
Mientras tanto, coloca el cardamomo, los granos de pimienta y los trozos de canela en rama en el molinillo y tritúralos hasta obtener un polvo fino.
Agregue las especias a la olla de leche y agua junto con el jengibre fresco. Aumente el fuego a alto, vigilándolo todo el tiempo. Una vez que hierva, retira inmediatamente del fuego y agrega el té negro. Remuévelo con frecuencia, cuidando el color hasta que tenga un tono marrón camel.
Colar el té a través de un tamiz de malla fina (o colador de té) en un tazón. Agregue el azúcar al tazón de té y revuelva para combinar. Pruebe el azúcar y agregue más si lo desea. Viértalo en tazas y bébalo inmediatamente.

11. **Kitchari**

Sirve 2 o 3

½ taza de dal (lentejas, idealmente lentejas amarillas partidas o lentejas rojas, conocidas como toor dal o masoor dal, respectivamente)
½ taza de arroz basmati
2 cucharadas de jengibre fresco picado
2 cucharadas de Ghee o un aceite neutro, como el de canola, vegetal o de semilla de uva
2 cucharaditas de semillas de comino
2 cucharaditas de semillas de mostaza negra (o cualquier semilla de mostaza que tengas a mano)
Una pizca de asafétida (opcional)
1 cucharadita de cúrcuma molida
1 cucharadita de comino molido
Una pizca de canela molida (opcional)
¼ de cucharadita de sal kosher
Adornos opcionales para su tazón
cilantro fresco en rodajas
Yogur
Compota de frutas, como dátiles o pasas
aminos liquidos
Salsa de soja
Tamari
Un pepinillo indio, como mango o lima.
chutney o mermelada
Salsa picante
Verduras tiernas
Equipo Colador, cacerola u olla (de al menos 4 cuartos de galón) con tapa y una sartén o cacerola pequeña

Lave las lentejas y el arroz; mi forma preferida es verterlos en un colador y luego colocar el colador en un recipiente grande con agua y agitarlos a mano para liberar la mayor cantidad de almidón posible. Luego levante el tamiz y repita con un tazón de agua fresca.

Por lo general, requerirá 2 o 3 cambios de agua hasta que esté casi transparente. Escurrir bien.

Transfiera las lentejas y el arroz a una cacerola de 4 cuartos o más grande y agregue el jengibre y 7 tazas de agua. Llevar a ebullición, revolviendo ocasionalmente. Reduzca a fuego lento, cubra la olla y cocine hasta que termine con una papilla suave y bien cocida que no sea demasiado densa ni demasiado acuosa. Mientras se cocina, tenga cuidado con las burbujas de almidón que se elevan, escapan y gotean por los lados de la olla. También vigile el nivel del agua: a las lentejas realmente les gusta mucha agua para cocinar. Si encuentra que las lentejas y el arroz han absorbido la mayor parte del agua pero no están completamente cocidos, debe agregar más agua hirviendo y revolver. El tiempo puede variar bastante dependiendo de las lentejas, pero 45 minutos suele ser una buena guía aproximada. La cocción excesiva no es una preocupación siempre que haya suficiente agua en la olla. No se preocupe si ha agregado demasiada agua: si el kitchari parece estar completamente cocido pero un poco flojo, puede continuar cocinando a fuego lento hasta que tenga la consistencia de una papilla medianamente espesa. Una vez cocido el kitchari, retirar del fuego y reservar tapado.

Mientras tanto, en una sartén o cacerola pequeña, caliente el ghee a fuego alto. Agrega el comino y las semillas de mostaza. Lentamente comenzarán a reventar y freír; una vez que comiencen a reventar con cierta frecuencia, agregue la asafétida (si la usa). Una vez que hayan estado explotando durante unos 25 segundos, retírelos del fuego y agregue la cúrcuma, el comino molido y la canela (si se usa), revolviendo la sartén para combinar las especias. Destape el kitchari y vierta el ghee y las especias directamente en la olla; chisporrotearán y se freirán cuando lo golpeen. Agregue la sal y revuelva todo junto. Sirva de inmediato, cubierto con los adornos de su elección.

12. Budín De Arroz Integral

Sirve de 6 a 8

Mantequilla sin sal, para el refractario
1 taza de leche entera
¼ taza de miel
½ cucharadita de canela molida
5 ralladuras de nuez moscada
1 cucharadita de extracto de vainilla sin azúcar
¼ de cucharadita de sal kosher
2 huevos grandes
2 tazas de arroz integral cocido
½ cucharadita de ralladura de limón
½ taza de pasas
1 taza de duraznos frescos cortados en cubitos (o cualquier fruta que te guste que esté en temporada) o incluso duraznos congelados
1 taza de yogur de leche entera
Equipo Fuente para hornear cuadrada de 8 pulgadas y una licuadora de inmersión (o batidor)
Precaliente el horno a 400°F. Unte con mantequilla una fuente para hornear de 8 × 8 pulgadas.

En un tazón grande, combine la leche, la miel, la canela, la nuez moscada, la vainilla, la sal y los huevos. Usando una licuadora de inmersión (o batidor), mezcle bien hasta que todos los ingredientes estén completamente unificados.

Agregue el arroz, la ralladura de limón, las pasas y los duraznos y revuélvalos bien para combinarlos.

Vierta la mezcla de arroz en la fuente para hornear, usando una espátula para sacar los últimos restos de líquido del recipiente.

Hornea el budín durante 15 minutos. Revuelva el budín con una espátula, regrese al horno y hornee hasta que el budín burbujee alrededor de los bordes, unos 10 minutos más. Si no está burbujeando, aumente la temperatura a 425°F y hornee por 5 minutos más.

Retire el budín del horno. Agregue el yogur y revuelva solo para combinar. Deje reposar el budín durante 5 minutos. Esto se puede disfrutar tibio y fresco, o frío fuera del refrigerador (solo deje que se enfríe a temperatura ambiente antes de refrigerar).

BOCADILLOS SALUDABLES

13. Romero-Almendras Tamari

Rinde 1½ tazas

2 ramitas de romero fresco, sin hojas del tallo
1½ tazas (8 onzas/225 g) de almendras crudas
½ cucharadita de tamari
1 cucharada de aceite de oliva
½ cucharadita de pimiento rojo triturado o ichimi (pimiento rojo japonés) (opcional)
¾ cucharadita de sal kosher, o más al gusto
Equipo Bandeja para hornear y papel pergamino o estera de silicona para hornear

Precaliente el horno a 300°F (149°C). Cubra una bandeja para hornear con papel pergamino o una estera de silicona para hornear. Frote las hojas de romero con las yemas de los dedos para ayudar a abrir los aceites y su fragancia, luego agréguelas a un tazón mediano. Agregue las almendras, el tamari, el aceite de oliva, el pimiento rojo triturado (si se usa) y la sal y revuélvalos hasta que estén bien combinados.
Vierta la mezcla de nueces en la bandeja para hornear y tueste hasta que las nueces estén aromáticas y hayan adquirido un color claro, aproximadamente 20 minutos, revolviendo a la mitad.
Retire las almendras y déjelas enfriar por un minuto. Pruebe para sazonar, agregando sal si lo desea.
Coma mientras están calientes o deje que se enfríen a temperatura ambiente, luego guárdelos, cubiertos, a temperatura ambiente, hasta por 1 semana.

En el sentido de las agujas del reloj desde arriba: Mezcla de frutos secos con coco y wakame, chips de col rizada con aceite de oliva y almendras con romero y tamari

14. Mezcla de frutos secos de coco y wakame

Hace alrededor de 3 tazas

1 onza de wakame seco (o ½ onza de hojas de nori tostadas)
1½ tazas (8 onzas) de almendras crudas
½ taza (3 onzas) de semillas de calabaza
½ taza (1 onza) de hojuelas de coco sin azúcar
4 cucharaditas de aceite de oliva
1 cucharada de semillas de sésamo blanco
2 cucharaditas de tamari
¼ de cucharadita de pimienta de cayena
Equipo Bandeja para hornear y papel pergamino o estera de silicona para hornear

Precaliente el horno a 300°F. Cubra una bandeja para hornear con papel pergamino o una estera de silicona para hornear.
En un tazón mediano, combine las algas, las almendras, las semillas de calabaza, las hojuelas de coco, el aceite de oliva, las semillas de sésamo, el tamari y la pimienta de cayena y revuélvalos hasta que estén completamente combinados. Transfiéralos a la fuente forrada.
Ase la mezcla de frutos secos hasta que el coco se haya vuelto de un color marrón dorado y las almendras se hayan oscurecido un poco, unos 20 minutos, revolviéndolo a la mitad.
Deje que la mezcla se enfríe en la sartén durante un minuto. Pruebe para sazonar y agregue sal si es necesario. Coma mientras está tibio o deje que se enfríe a temperatura ambiente, luego guárdelo, cubierto, a temperatura ambiente, hasta por 1 semana.

15. Chips de col rizada con aceite de oliva

Rinde 1 bandeja de papas fritas

Unas 12 hojas de col rizada
1 cucharada de aceite de oliva
Sal

Precaliente el horno a 275°F. Si tiene una rejilla para enfriar, colóquela dentro de una bandeja para hornear. De lo contrario, cubra la sartén con papel pergamino.
Pela los tallos y las nervaduras centrales de las hojas y deséchalas. Corta las hojas de col rizada en trozos que sean un poco más grandes de lo que quieres que salgan las papas fritas (a veces las dejo como hojas grandes y enteras). Coloque las hojas en un recipiente y agregue el aceite de oliva, mezclándolo bien con las manos para que todas las hojas estén bien saturadas de aceite. Las hojas secas se volverán amargas. Sazónelos ligeramente con sal y revuélvalos.
Dispóngalos en una sola capa sobre la rejilla o bandeja forrada, haciendo todo lo posible para que las hojas no se superpongan.
Ase las hojas hasta que estén crujientes por todas partes, revisando ocasionalmente el horno y separando las hojas superpuestas mientras se cocinan. Por lo general, están completamente crujientes después de unos 25 minutos.
Retire la col rizada del horno y pruebe un chip para sazonar, espolvoreando más sal si es necesario. Cómelos de inmediato o déjalos enfriar por completo y luego transfiérelos a un recipiente sellado.

16. Palomitas Shichimi

Sirve de 2 a 4

5 cucharadas de Ghee o 3 cucharadas de aceite (como maní, semilla de uva o vegetal)
½ taza de granos de palomitas de maíz
½ cucharadita de sal para palomitas de maíz redondeada, o al gusto
2 cucharaditas de shichimi, y más al gusto
2 a 3 cucharadas de mantequilla, derretida (si no está usando ghee)
Equipo Olla grande de fondo grueso con tapa (como un horno holandés)

En una olla grande de fondo grueso, caliente el ghee (o el aceite) a fuego medio-alto. Una vez que esté derretido (o reluciente, si es aceite), agrega las palomitas de maíz y la sal. Tape la olla y sacúdala con frecuencia. Continúe cocinando, escuchando los sonidos de explosión. Una vez que el maíz comience a reventar, baje el fuego a medio, continúe agitando la olla, abra la tapa brevemente y de vez en cuando solo un poco para que salga un poco de vapor. Una vez que las palomitas de maíz exploten con mucha frecuencia, continúe agitando la olla hasta que haya un intervalo de tres segundos sin chasquidos. Retire la sartén del fuego y destape (un grano o dos pueden intentar escapar).
Transfiera la mitad de las palomitas de maíz a un tazón grande y sazone con la mitad del shichimi (y mantequilla derretida, si no estaba usando ghee). Agregue el resto de las palomitas de maíz y el shichimi (y la mantequilla derretida, si es necesario) y mezcle hasta que estén bien combinados. Cómelo inmediatamente.

17. Encurtidos De Zanahoria Y Jengibre Y Habanero

Rinde un frasco de 1 cuarto

12 onzas (más o menos) de zanahorias
4 habaneros
2 onzas de jengibre fresco, lavado y rebanado en monedas delgadas
1 cucharada de semillas de mostaza negra (o cualquier semilla de mostaza)
½ cucharadita de granos de pimienta negra
1 taza de vinagre blanco destilado
1 taza de agua
¼ de cucharadita de sal marina fina
Equipo Mason jar de 1 cuarto de galón con tapa y una cacerola mediana

Lave a fondo un tarro de albañil de 1 cuarto de galón con agua caliente (un lavavajillas es ideal para desinfectar un tarro). También puede hervirlo si quiere asegurarse de que su frasco esté completamente desinfectado.

Lave las zanahorias (no me molesto en pelarlas), luego corte los tallos o el extremo del tallo y elimine los trozos de fibras peludas que sobresalgan. Corta las zanahorias en palitos de aproximadamente ½ pulgada de grosor, luego corta las que sean largas para que quepan cómodamente en el frasco. Con la punta de un cuchillo, corte una pequeña "X" en el extremo de la flor (no el extremo del tallo) de los habaneros y deseche los tallos.

Coloque el jengibre, los habaneros, las semillas de mostaza y los granos de pimienta en el tarro de albañil. Agregue los palitos de zanahoria, empujándolos con fuerza, si es necesario, para asegurarse de que todos encajen.

En una cacerola mediana, hierva el vinagre, el agua y la sal. Retire del fuego y vierta el líquido caliente directamente en el frasco. Si las zanahorias no están completamente sumergidas, puedes cubrirlas con un poco más de vinagre hasta cubrirlas. Permita que el líquido alcance la temperatura ambiente, luego selle la tapa y transfiéralo al refrigerador.

Los pepinillos se pueden comer de inmediato, pero son mejores después de 24 horas y su mejor momento comienza alrededor del día 3.

18. Hummus de alubias blancas con perejil

Hace alrededor de 1½ tazas

1¾ tazas de frijoles blancos cocidos o 1 lata (15 onzas) de frijoles
2 dientes de ajo, pelados
¼ de taza de hojas de perejil fresco y tallos tiernos sueltos
3 cucharadas de jugo de limón fresco, y más al gusto
¼ taza de aceite de oliva
½ cucharadita de pimienta negra recién molida, y más al gusto
Sal
Equipo Tamiz y procesador de alimentos o licuadora

Escurra los frijoles en un colador y enjuague el exceso de almidón. Deje reposar durante un minuto para permitir que se drene la mayor cantidad de agua posible.

Mientras tanto, en un procesador de alimentos o licuadora, combine el ajo y el perejil y mezcle hasta que tenga una textura picada gruesa.

Agregue los frijoles escurridos, el jugo de limón, el aceite de oliva, la pimienta negra y una pizca de sal y mezcle hasta que tenga una textura suave. Si está un poco seco o granulado, puede agregar un poco más de aceite. Sazone al gusto con más sal, pimienta negra y jugo de limón, como desee.

Se mantendrá en el refrigerador, tapado, durante aproximadamente 1 semana.

19. Jalapeño-Pesto Hummus

Hace alrededor de 1½ tazas

1¾ tazas de frijoles blancos cocidos o 1 lata (15 onzas) de frijoles
1 chile jalapeño, serrano o fresno, sin tallo
¼ taza de pesto de vegetales verdes o pesto de miso y espinacas
2 cucharadas de jugo de limón fresco, y más al gusto
2 cucharadas de aceite de oliva
Sal
Equipo Tamiz y procesador de alimentos (o licuadora)

Escurra los frijoles en un colador y enjuague el exceso de almidón. Deje reposar durante un minuto para permitir que se drene la mayor cantidad de agua posible.

Mientras tanto, en un procesador de alimentos o licuadora, procese el chile hasta que tenga una textura picada gruesa.

Agregue los frijoles escurridos, el pesto, el jugo de limón, el aceite de oliva y una pizca de sal y mezcle hasta que tenga una textura suave. Si está un poco seco o granulado, puede agregar un poco más de aceite. Sazone al gusto con más sal y jugo de limón, como desee.

Se mantendrá en el refrigerador, tapado, durante aproximadamente 1 semana.

VERDURAS

20. Verduras a la Brasa con Labneh Especiado

Para 4 personas

Labne especiado
8 onzas de labneh o yogur griego
1 diente de ajo, rallado o finamente picado
½ cucharada de polvo de chile oscuro
⅛ cucharadita de orégano seco
Pimienta negra recién molida
Sal
Verduras Carbonizadas
1 libra de vegetales de su elección, como brócoli o guisantes dulces
Aceite neutro
Sal
Para terminar
Aceite de oliva
Queso curado duro recién rallado, como parmesano, cheddar o gruyère
Sal
Equipo Parrilla, asador (y bandeja para hornear) o sartén pesada

Prepare el labneh especiado: en un tazón, combine el labneh, el ajo, el chile en polvo, el orégano, la pimienta negra y la sal al gusto. Mézclalos bien, asegurándote de que todos los rincones de labneh se hayan incorporado por completo. Transfiéralo nuevamente al recipiente labneh (o cualquier recipiente sellable) y déjelo florecer durante al menos 30 minutos. Se puede mantener a temperatura ambiente hasta por 2 horas, o refrigerado hasta por 3 días. Si se ha refrigerado, es mejor dejarlo reposar durante unos 30 minutos antes de servirlo.
Carbonee las verduras: Justo antes de comenzar a carbonizar las verduras, coloque una fuente para servir y extienda el labneh sobre ella en una capa bastante uniforme. Déjalo a un lado mientras cocinas las verduras.
En un bol grande, revuelve las verduras con una capa fina y escasa de aceite neutro y sazónalas ligeramente con sal.

Método de parrilla Precaliente una parrilla al aire libre hasta que esté bastante caliente. Asa las verduras hasta que estén un poco ennegrecidas por fuera y apenas tiernas por dentro. Si está asando a la parrilla piezas más pequeñas, como floretes o guisantes, se recomienda una canasta para asar. Una vez cocidos, colocarlos inmediatamente sobre el labneh especiado, en una sola capa. Cierta superposición no es un problema.

Método del asador Precaliente el asador a temperatura alta. Cubra una bandeja para hornear con papel de aluminio.

Coloque las verduras en la bandeja para hornear en una sola capa. Coloque la bandeja para hornear en la segunda rejilla más alta de su horno y ase hasta que estén ennegrecidas, aproximadamente 2 minutos. Dales la vuelta y ennegrece por el otro lado, pero si ya están cocinados a tu gusto, simplemente sácalos. Es mejor que las verduras no se cocinen demasiado, incluso si no se ponen negras por ambos lados. Una vez cocidos, colocarlos inmediatamente sobre el labneh especiado, en una sola capa. Cierta superposición no es un problema.

Método de la sartén Coloque una sartén de fondo grueso a fuego alto. Una vez que esté bastante caliente, agregue las verduras en tandas, dórelas rápidamente con el mayor contacto directo posible con la sartén, teniendo cuidado de no amontonarlas en la sartén. Una vez que tengan el color deseado y estén apenas cocidos, transfiéralos al labneh en una sola capa y repita con el resto.

Para terminar: una vez que todas las verduras estén cocidas y colocadas sobre el labneh especiado, rocíelas generosamente con aceite de oliva y cubra con queso rallado. Sazonarlos con sal al gusto y comerlos inmediatamente.

21. **Ensalada De Tahini Púrpura**

Sirve alrededor de 4 como acompañamiento.

1 col roja de cabeza pequeña
3 cucharadas de perejil fresco finamente picado
2 zanahorias medianas, ralladas
1 chile fresno o jalapeño, sin semillas y finamente picado (opcional)
3 cucharadas de aderezo vegano de tahini, y más al gusto
Sal

Corta el repollo por la mitad a través del corazón. Use un cuchillo para cortar el centro en cada lado en forma de V (deseche el centro). Vuelva a cortar cada mitad por la mitad (¡ahora ha cortado en cuartos una cabeza de repollo!). Coloque un cuarto en la tabla de cortar para que descanse de forma segura, luego córtelo en tiras finas. (Alternativamente, puede usar una mandolina para triturar el repollo en la configuración más delgada, teniendo cuidado, por supuesto, de no triturarse los dedos).
En un tazón grande, combine el repollo, el perejil, las zanahorias y el chile y mezcle bien. Agregue el aderezo y mezcle bien. Pruebe para sazonar y agregue sal según sea necesario.
Coma inmediatamente, o dentro de una hora más o menos.

22. Una batata asada

Hace tantos como quieras

1 camote
1 cucharadita más o menos de aceite neutro
Sal kosher
rodaja de limon
Aceite de oliva virgen extra, para rociar
Pimienta negra recién molida
Equipo Plato para hornear pequeño y papel de aluminio o pergamino (opcional)

Precaliente el horno a 425°F. Cubra una fuente para hornear con papel de aluminio o pergamino. (Esto no es obligatorio, pero facilita mucho la limpieza, ya que los azúcares de la batata se filtrarán y se caramelizarán).
Perfore la batata unas ocho veces con los dientes de un tenedor. Cúbralo ligeramente con el aceite neutro y luego espolvoréelo abundantemente con sal.
Asa la papa hasta que esté completamente tierna, generalmente alrededor de 45 minutos, dependiendo del tamaño de la papa.
Ábralo y luego termine con un chorrito de limón, un chorrito de aceite de oliva, más sal y pimienta recién molida al gusto.

23. Pastel de gruyère, puerros y acelgas

Sirve de 4 a 6

½ receta de masa de pastel de mamá
2 cucharadas de mantequilla sin sal
2 tazas de puerros picados, solo las partes blanca y verde claro (de aproximadamente 2 puerros grandes o 3 medianos)
2 dientes de ajo, picados
Sal
Alrededor de 18 hojas de acelgas (de 3 a 4 manojos), tallos y nervaduras eliminadas y descartadas, hojas lavadas y picadas en trozos grandes
Pimienta negra recién molida
Harina, para espolvorear
1½ tazas de queso Gruyère recién rallado (alrededor de 4¼ onzas)
Equipo Sartén o sartén grande, rodillo, molde para pastel de 9 pulgadas, papel pergamino y pesas para pastel (o frijoles secos)

Prepare y enfríe la masa de pastel como se indica.
Mientras la masa se enfría, comienza el relleno. En una sartén grande, caliente la mantequilla a fuego medio hasta que se derrita. Agregue los puerros y el ajo, sazónelos con sal y saltee, revolviendo ocasionalmente, hasta que estén transparentes, aproximadamente 10 minutos.
Agregue las acelgas y sazone con sal y pimienta, luego continúe salteando, revolviendo ocasionalmente, hasta que las acelgas estén cocidas y bien tiernas, otros 10 minutos. Si su sartén es demasiado pequeña, puede agregar la acelga poco a poco, agregando más a medida que se marchita. Una vez que esté cocido, pruebe las acelgas para sazonar y agregue más según sea necesario. Déjalo a un lado hasta que sea el momento de armar el pastel.
Si la masa se ha estado enfriando durante más de 1 hora, es posible que deba dejarla reposar a temperatura ambiente hasta que esté menos rígida y sea más fácil de enrollar. Transfiera la masa a una superficie ligeramente enharinada. Enharina un rodillo y presiona hacia abajo en el centro de la masa. Estire la masa en cada dirección,

comenzando desde el centro cada vez, hasta que tenga una masa redonda de ⅛ de pulgada de grosor, teniendo cuidado de que no sea demasiado delgada. No se preocupe por los pedazos rotos, las rasgaduras o los bordes desmoronados, simplemente puede volver a unir la masa.

Coloque la masa sobre un molde para pastel de 9 pulgadas, asegurándose de que quede plana contra toda la superficie. Corte cualquier exceso de masa, dejando alrededor de una pulgada de masa que sobresalga, y luego dóblela sobre sí misma. Si hay rasgaduras o agujeros, puede repararlos con la masa extra. Usa el pulgar y el índice para doblar y engarzar los bordes de la masa para pastel, o puedes usar los dientes de un tenedor para presionar contra los bordes de la corteza, en todo su contorno.

Usa un tenedor para clavar varias veces el fondo y los lados de la base de la tarta. Coloque la base de pastel en el refrigerador durante al menos 30 minutos para ayudar a que cuaje. Mientras tanto, precaliente el horno a 425°F.

Una vez que el horno esté precalentado y la base del pastel esté fría, coloque un trozo de pergamino sobre la corteza y llénelo con pesas para pastel o frijoles secos. Hornee hasta que la corteza esté apenas lista y cocida, aproximadamente 15 minutos. Retire del horno, pero deje el horno encendido.

Retire el pergamino y los pesos de pastel. Espolvoree la mitad del queso sobre el fondo de la masa para pastel, luego cubra con la mezcla de acelgas en una capa uniforme. Cúbrelo con el resto del queso.

Regrese al horno y hornee hasta que el queso se derrita y la corteza esté dorada, aproximadamente 20 minutos.

Deje que el pastel se enfríe brevemente, luego corte y sirva.

24. Pastel de espinacas de mamá

Sirve de 6 a 8

Unas 4 tazas de picatostes con queso cheddar o un picatostes con hierbas, suficiente para cubrir el fondo de la fuente para hornear en una sola capa
Alrededor de 1½ libras de hojas de espinaca
8 onzas de queso cheddar, cortado en cubos de ½ pulgada más o menos
1 libra de requesón
3 huevos grandes, ligeramente batidos
3 cucharadas de mantequilla sin sal, derretida
4 rebanadas de tocino, cocidas hasta que estén crujientes
Sal y pimienta negra recién molida
Equipo Una olla grande para blanquear las espinacas, una fuente para hornear de 9 × 13 pulgadas y un colador grande

Precaliente el horno a 375°F.

Traiga una olla grande con agua a hervir. Mientras tanto, cubra el fondo de una fuente para hornear de 9 × 13 pulgadas con una sola capa de picatostes.

Una vez que el agua esté hirviendo, agrega las hojas de espinaca y revuelve. Permita que apenas se marchiten, esto tomará unos 10 segundos, luego transfiéralos a un tamiz y enjuáguelos con agua fría. Una vez que estén lo suficientemente fríos para manipularlos, exprime todo el líquido que puedas con las manos. Transfiera las espinacas a una tabla de cortar y córtelas en trozos grandes.

Agregue las espinacas a un tazón grande junto con el queso cheddar, el requesón, los huevos y la mantequilla derretida. Usa tus manos para desmenuzar el tocino en el tazón y revuelve la mezcla hasta que esté bien combinada. Sazone con sal y pimienta, teniendo en cuenta que el tocino ya tiene mucha sal.

Coloque la mezcla de espinacas sobre los picatostes en una capa uniforme. Transfiera el plato al horno y hornee hasta que esté listo y el queso se derrita, aproximadamente 30 minutos. Si desea un poco más de color, puede terminarlo debajo del asador durante uno o dos minutos más.

El pastel de espinacas se puede servir de inmediato. También encuentro que se recalienta muy bien.

25. Patatas Y Calabacín Gratinado

Sirve de 6 a 8

Aceite de oliva
1 manojo grande de acelgas
1 puerro grande (o 2 medianos), solo las partes blanca y verde claro
6 dientes de ajo, pelados
Sal y pimienta negra recién molida
1 calabaza moscada mediana (alrededor de 3 libras)
1 libra de papas amarillas cerosas
2½ tazas de queso rallado para derretir, como Gruyère
Fuente para hornear de 3 cuartos

Precaliente el horno a 350°F. Engrase una fuente para hornear poco profunda de 3 cuartos con aceite de oliva.

Retire los tallos y las nervaduras centrales de las acelgas y reserve las hojas. Picar finamente los puerros, el ajo y los tallos de acelga juntos. Espolvorea la mezcla en el fondo de la fuente para hornear. Rocíalas con un poco más de aceite de oliva y sazónalas con sal y unas vueltas de pimienta negra recién molida.

Pele la calabaza y córtela en cuartos a lo largo, desechando las tiras y las semillas. Corta cada cuarto transversalmente en rebanadas de ¼ de pulgada de grosor. Corta las papas en rebanadas de ¼ de pulgada de grosor. Coloque la calabaza y las papas en un tazón y mézclelas con 1½ cucharadas de aceite de oliva y sazónelas con sal y pimienta; puede ser bastante liberal con la sal, ya que también salará las acelgas.

Para armar el gratinado, coloque una capa de hojas de acelga en el fondo, seguida de una capa de calabaza y luego papas, repitiendo hasta que haya usado todo. No se preocupe si se ve rústico y tiene pedazos de acelgas que sobresalen, o una escasa cantidad de papas y calabazas para la capa final, simplemente se suma al encanto.

Cubra el gratinado con papel aluminio, transfiéralo al horno y hornee por 30 minutos. Retire el papel aluminio y hornee hasta que las papas y la calabaza estén bien cocidas y la capa superior del gratinado haya comenzado a tomar un poco de color, una hora más o menos.

Cubra el gratinado con el queso rallado y regréselo al horno, dejando que se cocine hasta que el queso se haya derretido. Si desea que su queso esté un poco dorado, puede terminarlo debajo del asador, pero hay algo realmente agradable en el queso derretido suave y pegajoso.

Retire el gratinado del horno y deje que se enfríe un poco antes de servir.

26. **Pan De Salchicha De Brócoli**

Para 4 personas

Un lote reducido a la mitad de Nearly Pizza Dough (alrededor de 9 onzas) o la mitad de una bola de 1 libra de masa de pizza comprada en la tienda
1 cucharada de aceite de oliva
8 onzas de salchicha de cerdo Cal-Italian con romero y ralladura de naranja o salchicha italiana dulce comprada en la tienda (sin envoltura)
2 dientes de ajo, picados
3 tazas de floretes de brócoli finamente picados (de aproximadamente 2 tallos)
Sal y pimienta negra recién molida
½ cucharadita de orégano seco
Una pizca de pimiento rojo triturado
Harina, para extender
1 huevo (opcional)
Equipo Sartén, bandeja para hornear, papel pergamino, rodillo o botella de vino y una brocha de repostería (opcional)

Si la masa (ya sea hecha en casa o comprada en la tienda) se refrigeró, déjala reposar de 30 minutos a 1 hora para que alcance la temperatura ambiente.
Mientras tanto, en una sartén, caliente el aceite a fuego medio hasta que brille. Agregue la salchicha y fríala hasta que comience a dorarse alrededor de los bordes, rompiéndola con una cuchara de cocina para ayudar a que se desmorone mientras se cocina, aproximadamente 7 minutos.
Agregue el ajo y revuélvalo junto con la salchicha, luego agregue el brócoli y sazone con sal y pimienta. Agregue el orégano y el pimiento rojo triturado y revuelva para combinar. Agregue un chorrito de agua y desglase la sartén, raspando los trozos de salchicha dorados y revolviéndolos. Continúe cocinando, revolviendo ocasionalmente, hasta que la salchicha esté bien

cocida y el brócoli esté tierno pero aún le quede un poco de mordisco, 8 a 10 minutos. Sáquelo del fuego y apártelo.

Precaliente el horno a 375°F. Cubra una bandeja para hornear con papel pergamino.

Cuando tu masa esté lista, enharina ligeramente una superficie de trabajo y coloca la masa sobre ella. Enharina ligeramente un rodillo y enrolla la masa en un rectángulo delgado de aproximadamente 16 × 9 pulgadas. No te preocupes demasiado por que sea bonito o perfecto. Puede ser bastante rústico. Sacuda la masa ligeramente y levántela, asegurándose de que no se pegue a la superficie.

Coloque el relleno de brócoli/salchicha sobre la masa, dejando aproximadamente 1 pulgada de espacio alrededor de los bordes exteriores. Con un lado largo hacia usted, enrolle la masa como un rollo de gelatina, presionando suavemente hacia abajo mientras la enrolla. Prepárese para levantarlo con ambas manos, incluso puede tirar de él un poco aquí, para extender su longitud solo un poco, y colóquelo, con la costura hacia abajo, en la bandeja para hornear forrada. Debe quedar una masa bastante resistente. Si está horneando un segundo pan, asegúrese de dejar espacio en la bandeja para hornear.

Usa un cuchillo para hacer cuatro cortes poco profundos a lo largo de la parte superior, como en una baguette.

Casca un huevo en un bol y bátelo con una cucharada de agua. Use una brocha de pastelería para pintar un huevo batido a lo largo de la parte superior del pan. Puede omitir este paso si lo desea, pero prefiero el color más brillante que obtiene la corteza del huevo batido.

Hornee hasta que el exterior esté dorado y la masa del interior esté bien cocida, aproximadamente 30 minutos. Dejar reposar al menos 10 minutos antes de cortarlo en rodajas. Sírvelo caliente o a temperatura ambiente.

27. Pan de brócoli con queso cheddar ahumado Krauty

Para 4 personas

Un lote reducido a la mitad de Nearly Pizza Dough (alrededor de 9 onzas) o la mitad de una bola de 1 libra de masa de pizza comprada en la tienda
2 cucharadas de aceite de oliva
3 dientes de ajo, picados
3 tazas de floretes de brócoli finamente picados (de aproximadamente 2 tallos)
Sal y pimienta negra recién molida
½ cucharadita de orégano seco
Una pizca de pimiento rojo triturado
Harina, para extender
4 onzas de queso cheddar ahumado, cortado en cubos de ½ pulgada
½ taza de chucrut escurrido
1 huevo (opcional)
2 cucharaditas más o menos de semillas de sésamo
Mostaza amarilla o deli, para servir
Equipo Sartén, bandeja para hornear, papel pergamino, rodillo o botella de vino y una brocha de repostería (opcional)

Si la masa (ya sea hecha en casa o comprada en la tienda) se refrigeró, déjala reposar de 30 minutos a 1 hora para que alcance la temperatura ambiente.
Mientras tanto, en una sartén calienta el aceite a fuego medio hasta que brille. Agregue el ajo y fríalo hasta que comience a dorarse alrededor de los bordes. Agregue el brócoli y sazone con sal y pimienta. Agregue el orégano y el pimiento rojo triturado y revuelva para combinar. Continúe cocinando, revolviendo ocasionalmente, hasta que el brócoli esté tierno pero aún le quede un poco de mordisco, aproximadamente 10 minutos. Si la sartén se está secando demasiado, agregue un poco de agua para ayudar a cocinar el brócoli al vapor y terminar la cocción, solo asegúrese de que el agua se evapore por completo. Sáquelo del fuego y apártelo.

Precaliente el horno a 375°F. Cubra una bandeja para hornear con papel pergamino.

Cuando tu masa esté lista, enharina ligeramente una superficie de trabajo y coloca la masa sobre ella. Enharina ligeramente un rodillo y enrolla la masa en un rectángulo largo y delgado de aproximadamente 16 × 9 pulgadas. No te preocupes demasiado por que sea bonito o perfecto. Puede ser bastante rústico. Sacuda la masa ligeramente y levántela, asegurándose de que no se pegue a la superficie.

Coloque el relleno sobre la masa, dejando aproximadamente 1 pulgada de espacio alrededor del borde exterior. Esparza el queso cheddar ahumado sobre el relleno, seguido del chucrut. Con un lado largo hacia usted, enrolle la masa como un rollo de gelatina, presionando suavemente hacia abajo mientras la enrolla. Prepárese para levantarlo con ambas manos, incluso puede tirar de él un poco aquí, para extender su longitud solo un poco, y luego colóquelo, con la costura hacia abajo, en la bandeja para hornear forrada. Debe ser un pan bastante resistente. Si está horneando un segundo pan, asegúrese de dejar espacio en la bandeja para hornear.

Usa un cuchillo para hacer cuatro cortes poco profundos a lo largo de la parte superior, como en una baguette.

Casca un huevo en un bol y bátelo con una cucharada de agua. Use una brocha de pastelería para pintar un huevo batido en la parte superior. Puede omitir este paso si lo desea, pero prefiero el color más brillante que obtiene la corteza del huevo batido. Cubra el huevo batido con una pizca de semillas de sésamo. (Si está evitando el lavado de huevos y aún quiere las semillas de sésamo, puede untar el pan con agua para ayudar a que las semillas se adhieran).

Hornee hasta que el exterior esté dorado y la masa del interior esté bien cocida, aproximadamente 30 minutos. Dejar reposar al menos 10 minutos antes de cortarlo en rodajas. Sírvelo, ya sea caliente o a temperatura ambiente, con una guarnición de mostaza para mojar.

CENA DE AÑO NUEVO

28. Pan de Maíz con Chile Fresno y Queso Cheddar Blanco

Sirve de 4 a 6

Mantequilla, para el molde para pastel
1¼ tazas (175 g) de harina para todo uso
¾ taza (130 g) de harina de maíz
1 cucharada más 2 cucharaditas (25 g) de levadura en polvo
1 cucharadita ligeramente colmada (7 g) de sal marina fina
1 huevo grande, batido
1 taza (250 g) de suero de leche
¼ de taza (85 g) de miel o (50 g) de azúcar granulada
2 cucharadas de mantequilla sin sal, derretida
½ taza de granos de maíz frescos (opcional)
1 chile fresno o jalapeño, sin semillas y finamente picado
2 cucharadas de perejil fresco finamente picado
8 onzas de queso cheddar blanco, recién rallado
Equipo Molde para pastel de 9 pulgadas o sartén de hierro fundido

Precaliente el horno a 375°F. Engrase generosamente con mantequilla un molde para pastel de 9 pulgadas o una sartén de hierro fundido.

En un tazón grande, combine la harina, la harina de maíz, el polvo de hornear y la sal. Bátelo bien hasta que esté bien combinado. Agregue el huevo, el suero de leche, la miel, la mantequilla derretida, el maíz (si se usa), el chile, el perejil y la mitad del queso cheddar. Dobla los ingredientes hasta que tengas una masa unificada y bien mezclada. Será algo rígido, pero está bien.

Vierta la mezcla en el molde para pastel y use una cuchara o una espátula de silicona para nivelarla un poco. Cubra con el queso cheddar rallado restante.

Hornee el pan de maíz hasta que un palillo insertado en el centro salga limpio y la parte superior esté dorada, de 25 a 30 minutos. Si el interior está listo pero desea que la parte superior esté más dorada, puede terminarla rápidamente debajo del asador.

Retire el pan de maíz del horno y déjelo reposar durante al menos 15 minutos antes de cortarlo y servirlo.

29. Frijoles de ojo negro veganos Cal-Italian

Sirve de 4 a 6

2 cucharadas de aceite de oliva
½ cebolla, picada (alrededor de 1 taza)
½ pimiento verde, cortado en cubitos (alrededor de 1 taza)
3 dientes de ajo, picados
Sal y pimienta negra recién molida
¾ taza de tomate picado
3½ tazas de frijoles caritas cocidos, con su líquido de cocción, o 2 latas (16 onzas) de frijoles caritas, sin escurrir
2 cucharaditas de vinagre balsámico
1 cucharadita de tamari
Equipamiento Sartén grande

En una sartén grande, caliente el aceite de oliva a fuego medio hasta que brille. Agregue la cebolla, el pimiento y el ajo. Sazone con sal y pimienta negra y deje que las verduras se salteen, revolviendo ocasionalmente, hasta que se ablanden, unos 5 minutos.
Agregue los tomates, los frijoles caritas, el vinagre y el tamari y sazone con más sal y pimienta negra y mezcle. Aumente el fuego a medio-alto y cocine a fuego lento. Reduzca el fuego a fuego lento y cocine, revolviendo la sartén de vez en cuando, hasta que el líquido se haya espesado y reducido hasta el punto de que pueda arrastrar la cuchara por la sartén y el líquido tardará un momento antes de precipitarse y llenar el espacio vacío.
Pruebe los guisantes para sazonar y ajústelos según sea necesario. Cómelo inmediatamente o mantenlo caliente.

30. Acelga salteada

Sirve de 4 a 6

3 cucharadas de aceite de oliva
4 dientes de ajo, picados, o 1 puerro grande, solo las partes blanca y verde clara, picadas
2 libras de acelgas, tallos descartados y hojas lavadas y rasgadas (el agua del lavado aún puede estar adherida a las hojas)
Sal
Equipo Sartén grande con tapa

En una sartén grande, caliente el aceite a fuego medio-alto hasta que brille. Agregue el ajo o el puerro y saltee hasta que se dore ligeramente en los bordes. Añadir las acelgas y una pizca de sal. Saltee, revolviendo regularmente, durante aproximadamente 1 minuto. Reduzca el fuego a medio, cubra y cocine al vapor hasta que la acelga esté completamente marchita, aproximadamente 2 minutos. Destape y continúe cocinando hasta que las hojas estén tiernas, unos 3 minutos más. Sazone al gusto con sal y sirva.

ENSALADAS Y ADEREZOS

31. Aderezo de limón y tamari sin receta

2 cucharadas de tahini
2 cucharadas de aceite de oliva virgen extra
2 cucharaditas de vinagre de arroz
2 cucharaditas de vinagre de vino tinto
2 cucharaditas de tamari
sal (opcional)
Equipo Batidor (o tenedor)

En un tazón pequeño, combine el tahini, el aceite de oliva, el vinagre de arroz, el vinagre de vino y el tamari y bátalos vigorosamente. Pruebe para sazonar y agregue sal si es necesario. Use el aderezo inmediatamente o guárdelo en el refrigerador por unos días.

32. Aderezo de jengibre y sésamo

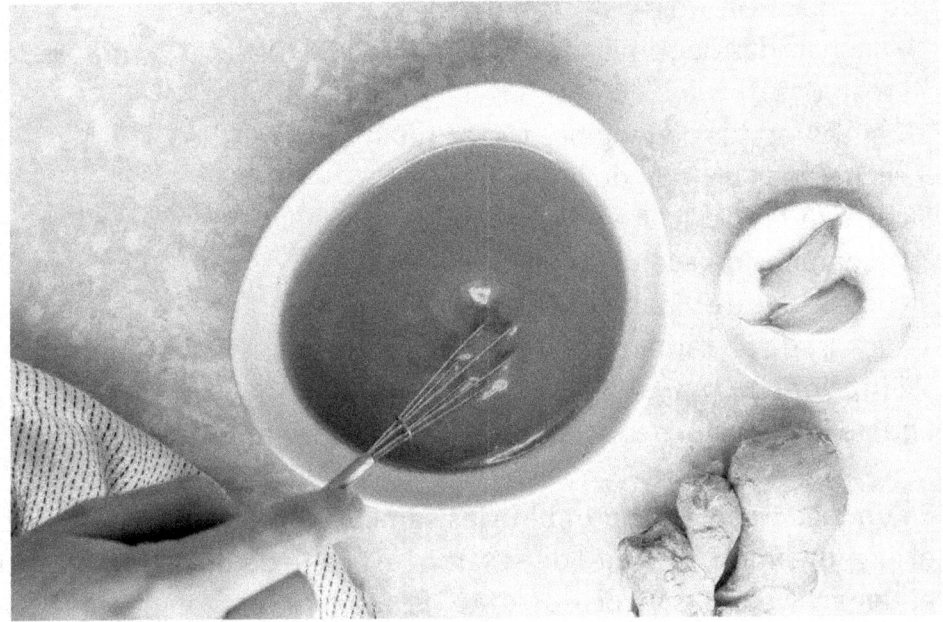

Rinde alrededor de ¾ de taza

1½ cucharadas de semillas de sésamo, recién tostadas o compradas ya tostadas
1½ cucharaditas de jengibre fresco finamente rallado
3 cucharadas de jugo de limón fresco
3 cucharadas de aceite de sésamo
3 cucharadas de aceite de oliva
2 cucharadas de vinagre de arroz
1 cucharada de tamari
sal (opcional)
Equipo Rallador (para el jengibre) y un batidor (o tenedor)

En un tazón pequeño, combine las semillas de sésamo, el jengibre, el jugo de limón, el aceite de sésamo, el aceite de oliva, el vinagre y el tamari y bátalos vigorosamente. Pruebe para sazonar y agregue sal si es necesario. Use el aderezo inmediatamente o guárdelo en el refrigerador por unos días.

33. Vinagreta De Chalota

Hace alrededor de 1½ tazas

¾ taza de aceite de oliva virgen extra
¼ taza de vinagre de vino tinto
1 cucharada de chalota picada
2 cucharaditas de mostaza
¼ de cucharadita de pimienta negra recién molida
Sal
Frasco de albañil de 1 pinta (idealmente con tapa de rosca de plástico)

En un tarro de albañil de 1 pinta (u otro recipiente resellable), combine el aceite, el vinagre, la chalota, la mostaza, la pimienta negra y la sal al gusto. Enroscar la tapa y agitar enérgicamente durante unos segundos hasta obtener una vinagreta semiunificada. Pruebe la sazón y ajústela como desee. Úselo de inmediato o guárdelo durante 3 días en refrigeración. Solo asegúrate de darle un batido rápido antes de aliñar tu ensalada.

34. Vinagreta de ensalada picada

Rinde alrededor de ¾ de taza

¼ taza de aceite de oliva virgen extra
2 cucharadas de jugo de limón fresco
2 cucharadas de vinagre de vino tinto
1 diente de ajo pequeño, rallado
½ cucharadita de mostaza Dijon
½ cucharadita de orégano seco
¼ de cucharadita (o unas cuantas vueltas) de pimienta negra recién molida
¼ de cucharadita (o solo una llovizna ligera) de miel
Sal
Equipo Rallador (para el ajo) y batidor

En un tazón pequeño, combine el aceite, el jugo de limón, el vinagre, el ajo, la mostaza, el orégano, la pimienta negra y la miel. Agregue una pizca de sal de tres dedos y mezcle todo vigorosamente, asegurándose de que la miel no se aglomere en el fondo del tazón. Pruebe el aderezo para sazonar y agregue más sal si es necesario.
Es mejor inmediatamente, pero también se puede guardar en el refrigerador, tapado, hasta por 3 días. Solo asegúrate de volver a batirlo bien antes de agregarlo a una ensalada.

35. Rancho de probióticos

Rinde alrededor de ⅔ de taza

½ taza de yogur natural probiótico
2 cucharadas de aceite de oliva virgen extra
1 cucharada de perejil fresco finamente picado
1 diente de ajo, rallado
1 cucharadita de jugo de limón fresco
¼ de cucharadita de hierbas secas, como orégano o condimento italiano
¼ de cucharadita de ajo granulado
¼ de cucharadita de cebolla granulada
⅛ de cucharadita de pimienta negra recién molida, o más al gusto
Sal
Equipo Rallador (para el ajo) y batidor

En un tazón pequeño, combine el yogur, el aceite, el perejil, el ajo rallado, el jugo de limón, las hierbas, el ajo granulado, la cebolla granulada y la pimienta negra y mezcle para combinar. Sazone al gusto con sal. El aderezo se puede usar de inmediato, pero el sabor de los ingredientes secos se intensificará después de que haya reposado un poco. Este aderezo se mantendrá durante unos 5 días en el refrigerador.

36. La California hippie

Hace 2 ensaladas grandes o 4 a 6 ensaladas de acompañamiento

1 cabeza de lechuga o unas 4 tazas de hojas sueltas
3 onzas de brotes, como alfalfa, brócoli, daikon o cebolla
8 onzas de pepino (cualquier tipo funcionará), cortado en trozos pequeños
1 zanahoria mediana, rallada
1 taza de garbanzos cocidos o enlatados (o el frijol de su elección), escurridos y enjuagados
2 mandarinas pequeñas o 1 mediana sin pepitas, divididas en gajos
Aderezo vegano de tahini
Sal y pimienta negra recién molida
1 aguacate mediano
2 cucharadas de pipas de girasol o de calabaza, recién tostadas o compradas ya tostadas

Si está comenzando con una cabeza de lechuga, córtela en trozos grandes y ásperos y luego lave y seque bien las hojas. Agréguelos a un tazón grande, seguido de los brotes. Rompa un poco los brotes en el tazón e intente dispersarlos en la lechuga sin que se aglomeren demasiado. Agregue el pepino, la zanahoria, los garbanzos y la mandarina al tazón. Agregue el aderezo y revuélvalo bien para combinar la ensalada, teniendo cuidado nuevamente con los grumos grandes de brotes. Pruebe la ensalada para sazonar y luego ajústela con sal y pimienta negra recién molida.
Divida la ensalada en tazones individuales o en un tazón grande para servir. Corte el aguacate por la mitad y deshuese, luego use una cuchara para tallar rebanadas pequeñas y delgadas y colóquelas encima de la(s) ensalada(s). Sazone el aguacate con una pizca de sal. Cubra la(s) ensalada(s) con una capa relativamente uniforme de semillas de girasol. Servir inmediatamente.

37. Chuleta cargada de vegetales

Hace 2 ensaladas grandes o 4 a 6 ensaladas de acompañamiento

Sal
1 taza de vegetales surtidos cortados en cubitos, como espárragos, calabacines, brócolini, judías verdes, brócoli, papas, coliflor y similares
4 tazas de lechugas cortadas en cubitos (me encanta una combinación de lechuga romana, achicoria y rúcula) teniendo cuidado de no usar demasiada lechuga amarga como la achicoria o la escarola
2 tallos de apio, cortados en cubitos
¼ taza de perejil fresco de hoja plana finamente picado
½ taza de pimiento naranja o rojo picado (o cualquier verdura cruda que te guste, como pepino, guisantes o similares)
1¾ tazas de frijoles cocidos, caseros, o 1 lata (15 onzas), escurrida y enjuagada
2 cucharadas o más de pimientos en escabeche cortados en cubitos, como jalapeños o pepperoncini (opcional)
Vinagreta de ensalada picada
Sal
2 onzas de queso cheddar blanco añejo (o cualquier queso que tenga a mano), rallado con los orificios medianos de un rallador de caja (alrededor de ¾ de taza)
Equipo Olla de 4 cuartos para blanquear verduras y un tamiz o colador

Ponga a hervir una olla de 4 cuartos de galón de agua. Mientras tanto, llene un recipiente grande con hielo y agua fría; esto impactará las verduras después de que se hayan blanqueado, deteniendo el proceso de cocción y conservando su color brillante. Una vez que el agua esté hirviendo, sazónala agresivamente con sal (debe estar salada, como el mar). Añade las verduras troceadas que más te gusten y tengas a mano, temporizándolas según su tiempo de cocción para que puedas escurrirlas todas a la vez. Aquí hay una guía rápida de los tiempos de cocción aproximados:

Patata: 5 minutos

Espárragos, brócoli baby, brócoli, coliflor, judías verdes: 90 segundos

Calabacín: 50 segundos

Una vez que haya cocinado las verduras, transfiéralas inmediatamente al baño de hielo para sacudirlas, revolviéndolas con la mano o una cuchara. Deja las verduras en el baño de hielo durante unos 5 minutos. Después de eso, encontrarás que la mayor parte del hielo se ha derretido y flotado hacia la parte superior. Retire el hielo y escurra bien las verduras en un colador. Deben estar fríos, crujientes, ligeramente cocidos y aún les queda un poco de sabor.

En un tazón grande, combine las verduras escurridas, las lechugas, el apio, el perejil, el pimiento, los frijoles, los pimientos en escabeche (si los usa) y cualquier verdura adicional. Agregue la vinagreta y revuelva suavemente. Pruébelo en busca de sal, agregando más si es necesario, teniendo en cuenta que el queso es salado.

Divide la ensalada en tazones y cubre con queso rallado.

38. Ensalada De Pollo Con Jengibre Y Cilantro

Rinde 2 ensaladas de plato principal

2½ tazas de lechuga romana picada (trozos del tamaño de un bocado, aproximadamente 1 cabeza pequeña)
½ repollo rojo de cabeza mediana, finamente rallado o en rodajas finas
2 tazas de pollo desmenuzado (alrededor de 1 pechuga grande o 2 muslos), frío en el refrigerador
¼ de taza de hojas de cilantro frescas picadas bien apretadas
1 manzana, sin corazón y rallada gruesa
1 zanahoria, rallada gruesa
1 mandarina o mandarina sin semillas, pelada y cortada en gajos
½ taza de almendras rebanadas
Aderezo de jengibre y sésamo, usado al gusto
1 cucharada de aceite de sésamo
¼ cucharadita de sal
1 cucharadita de shichimi, o al gusto
Equipo Rallador y una sartén

En un tazón grande, combine la lechuga, el repollo, el pollo, el cilantro, la manzana, la zanahoria y la mandarina y revuélvalos hasta que estén casi mezclados.

Coloque una sartén a fuego medio y agregue las almendras para tostarlas, revolviendo ocasionalmente.

Mientras tanto, agregue el aderezo a la ensalada y revuelva bien hasta que todo esté completamente cubierto con el aderezo. Divida la ensalada en dos tazones (o en un tazón grande para servir, si lo desea) y déjelos a un lado mientras revisa las almendras.

Una vez que las almendras comiencen a estar fragantes y se doren un poco en los bordes (esto tomará de 3 a 4 minutos), agregue el aceite de sésamo y la sal a la sartén y revuelva constantemente. Si el aceite o las almendras comienzan a oler amargo o se vuelven negros, reduzca el fuego. Una vez que tenga un dorado parcial, alrededor de 1 a 2 minutos, espolvoree el shichimi y continúe revolviendo durante 30 segundos más.

Cubra inmediatamente la parte superior de la ensalada con la mezcla de almendras calientes (podría chisporrotear un poco cuando caiga) y sirva de inmediato.

39. Ensalada César Crudités

Rinde aproximadamente 1⅓ tazas de salsa

2 yemas de huevo
4 filetes de anchoa, picados en trozos grandes (opcional)
3 dientes de ajo, picados en trozos grandes
½ taza de queso Parmigiano-Reggiano rallado, y más al gusto
¼ taza de jugo de limón fresco, y más al gusto
¼ de cucharadita de mostaza Dijon
½ cucharadita de salsa Worcestershire
¾ cucharadita de pimienta negra recién molida, y más al gusto
Sal
⅔ taza de aceite de canola
3 cucharadas de aceite de oliva virgen extra
4 cabezas de corazones de lechuga romana, hojas separadas
Equipo Procesador de alimentos o licuadora de inmersión y un batidor

En un procesador de alimentos (o en un recipiente alto y angosto si usa una licuadora de inmersión), combine las yemas de huevo, las anchoas (si las usa), el ajo, el queso parmesano, el jugo de limón, la mostaza, la salsa Worcestershire, la pimienta negra y una pizca de sal. . Licúa los ingredientes hasta que se combinen. Con la máquina en funcionamiento, rocíe lentamente el aceite de canola hasta que esté completamente emulsionado. Transfiera el aderezo a un tazón y agregue el aceite de oliva. Sazone al gusto con sal adicional, pimienta y jugo de limón. Si el aderezo es un poco más delgado de lo que le gustaría para mojar, ralle un poco más de queso.

Sirve el aderezo en un bol, rodeado de hojas de lechuga romana. Recomiendo mantener el aderezo adicional en el refrigerador y reemplazarlo según sea necesario, en lugar de dejar todo el lote afuera. El aderezo se mantendrá durante unos 3 días en el refrigerador, tapado.

40. Ensalada con Crutones y Ranch Probiótico

Sirve 3 como plato principal o de 4 a 6 como acompañamiento

Crutones de Cheddar (receta a continuación)
Rancho de probióticos
2 cabezas de lechuga picada en trozos grandes, como la romana o la de hoja roja
1 pimiento rojo mediano, cortado en trozos pequeños
8 onzas de pepino, cortado a la mitad a lo largo y transversalmente en medias lunas de aproximadamente ⅛ de pulgada de grosor
1 zanahoria mediana a grande, rallada
5 o 6 rodajas muy finas de cebolla roja
½ taza de aceitunas sin hueso, como Kalamata o aceitunas negras
Sal y pimienta negra recién molida
Rallador de equipo
Haz los picatostes y el aderezo como se indica.
Cuando esté listo para servir las ensaladas, en un tazón grande combine los picatostes enfriados, la lechuga, el pimiento, el pepino, la zanahoria, la cebolla roja y las aceitunas. Mezcle con suficiente aderezo para ensaladas para cubrir completamente las hojas. Pruebe para sazonar, agregando más sal y pimienta según sea necesario.
Come la ensalada inmediatamente.

41. Crutones De Queso Cheddar

Hace 4 tazas

2½ cucharadas de aceite de oliva
1 cucharadita colmada de pimentón, (preferiblemente ahumado)
1¼ onzas de queso cheddar, finamente rallado
8 onzas de pan, cortado en cubos de ¾ a 1 pulgada
Sal y pimienta negra recién molida
Equipo Rallador, bandeja para hornear y papel pergamino.

Precaliente el horno a 425°F. Cubra una bandeja para hornear con papel pergamino.
En un tazón grande, combine el aceite de oliva, el pimentón y el queso cheddar y revuélvalos para combinar. Agrega los cubos de pan y sal y pimienta al gusto. Mézclalos bien para combinarlos. Disponer en una sola capa sobre la bandeja para hornear forrada.
Tueste los picatostes hasta que estén crujientes, pero aún ligeramente suaves en el interior, aproximadamente 10 minutos, dependiendo de la humedad del pan.
Sazonarlos al gusto con más sal y pimienta. Deje que se enfríen a temperatura ambiente antes de usar.

42. Ensalada De Tomate Y Cúrcuma Con Hierbas Fritas

Sirve de 4 a 6

1 libra de tomates de verano maduros, cortados en rodajas de aproximadamente ¼ de pulgada de grosor
2 cucharadas de aceite de cocina
1 cucharadita de semillas de comino
1 cucharadita de semillas de mostaza negra
1 cucharadita de cúrcuma molida
½ taza de hojas variadas de hierbas blandas sueltas, como menta, albahaca, cilantro y perejil
Sal marina en escamas
Pan crujiente, para servir
Equipamiento Cacerola estrecha de fondo grueso

Coloque los tomates en rodajas en una sola capa en un plato para servir, superponiéndolos ligeramente si es necesario.

En una cacerola angosta de fondo grueso, combine el aceite, las semillas de comino y las semillas de mostaza negra y agite la sartén suavemente a fuego medio-alto. Una vez que las especias comiencen a estallar, déjalas cocinar por otros 30 segundos, prestando atención al más mínimo olor a quemado, y si hay alguno, reduzca el fuego inmediatamente.

Agregue la cúrcuma y las hierbas verdes y mueva la sartén, inclinándola ligeramente y ayudando a freír las hierbas. Freír durante unos 45 segundos, luego verter inmediatamente el aceite, las hierbas y las especias sobre todos los tomates. Sazonarlos con sal marina en escamas y servir inmediatamente. Sirva con pan crujiente para absorber el aceite y los jugos sobrantes.

43. <u>Una ensalada griega adecuada</u>

Sirve 1 como plato principal o 3 o 4 como acompañamiento

1 tomate mediano (10 onzas más o menos), cortado en trozos grandes del tamaño de un bocado
½ cebolla roja pequeña o ¼ mediana, cortada en rodajas bastante finas (pero no finas como el papel)
½ taza de aceitunas Kalamata, sin hueso o sin hueso, dependiendo de la preferencia
1 pepino inglés, pelado y cortado en trozos grandes del tamaño de un bocado
½ cucharadita de orégano griego seco, y más para espolvorear
3 cucharadas de aceite de oliva virgen extra, y más para rociar
Sal y pimienta negra recién molida
3 onzas de queso feta
Pan crujiente, para mojar

En un tazón, combine el tomate, la cebolla, las aceitunas, el pepino, el orégano y el aceite de oliva. Sazone con sal y pimienta, teniendo en cuenta que las aceitunas y el queso feta ya están bastante salados. Mezcle suavemente todos los ingredientes juntos. Transfiera a un tazón para servir y cubra con una losa o cucharadas de queso feta. Rocíe el queso feta con más aceite de oliva y espolvoree un poco más de orégano. Coma inmediatamente, con pan para mojar.

44. Ensalada de algas de despensa

Sirve 4 como acompañamiento

1 onza de wakame seco o "mezcla de ensalada de algas"
⅛ cucharadita de mostaza en polvo
2 cucharadas de tamari
2 cucharadas de vinagre de arroz
1 cucharada de aceite de sésamo
1 cucharadita de jengibre fresco rallado o finamente picado
1 cucharadita de ajonjolí blanco tostado, recién tostado o comprado ya tostado
Tamiz de equipo

Sumerja completamente las algas secas en agua fría y déjelas en remojo durante 7 minutos.
Mientras tanto, en un tazón mediano, combine el polvo de mostaza y solo un chorrito de tamari. Bátalos para ayudar a eliminar los grumos del polvo de mostaza, luego agrega el resto del tamari, el vinagre, el aceite de sésamo, el jengibre y las semillas de sésamo y bate solo para combinar.
Escurra las algas y exprima el exceso de humedad con las manos. Agregue las algas marinas hidratadas al tazón y mezcle. Esto se puede comer de inmediato o almacenar tapado en el refrigerador durante 4 días más o menos. Me parece que la ensalada de algas marinas se come mejor aproximadamente una hora después de vestirse.

PASTAS Y TALLARINES

45. Salsa De Tomate Básica

Sirve 2 o 3

Sal
1 lata (28 onzas) de tomates enteros pelados
1½ cucharadas de aceite de oliva virgen extra
2 dientes de ajo, en rodajas finas o picadas (prefiero en rodajas finas)
Una pizca de pimiento rojo triturado
¼ de cucharadita de orégano seco
Un puñado de hojas de albahaca fresca o ½ cucharadita de albahaca seca
Pimienta negra recién molida
2 cucharadas de perejil fresco de hoja plana finamente picado (opcional)
Pasta y Servir
12 onzas de pasta seca, del tipo que te guste (aunque mi favorito es el espagueti)
1½ cucharadas de mantequilla sin sal (opcional)
Parmigiano-Reggiano, o cualquier queso curado que te guste
Aceite de oliva virgen extra, para rociar
Más albahaca fresca, para terminar
Equipo Olla grande para hervir la pasta, una sartén grande (lo suficientemente grande para que quepan tanto la salsa como la pasta cocida) y un colador

Pon a hervir una olla con agua a fuego alto para la pasta. Salar el agua generosamente.

Mientras tanto, vierte los tomates enlatados y sus jugos en un tazón y tritúralos a mano, con cuidado de no dejar que revienten y exploten su jugo, hasta que tengas una textura áspera y gruesa sin pedazos grandes. (Si no te gusta triturar los tomates a mano, puedes cortarlos en una tabla de cortar, ¡pero intenta triturarlos a mano! Es fácil).

En una sartén grande, caliente el aceite de oliva a fuego medio hasta que esté brillante. Agregue el ajo y una pizca de sal y saltee hasta que el ajo apenas se dore en los bordes. Agregue el pimiento rojo triturado, el orégano y la albahaca: si usa albahaca seca, agregue todo, si usa fresca, agregue 2 o 3 hojas (el resto irá al final). Tostar las hierbas durante unos 30 segundos. Agregue los tomates y todos sus jugos, teniendo cuidado de no salpicar. Sazone los tomates con sal y pimienta, revuelva y agregue el perejil (si lo usa). Lleve a fuego lento y continúe cocinando a fuego lento, revolviendo ocasionalmente, mientras cocina la pasta.

Cocine la pasta: agregue la pasta al agua hirviendo y cocine aproximadamente 1 minuto antes de las instrucciones del paquete. Reservando un poco del agua de cocción de la pasta, escurre la pasta y agrégala a la sartén de la salsa. Cocine a fuego lento brevemente, agregando la mantequilla (si se usa) y un chorrito de agua de pasta reservada.

Servir con queso parmesano rallado, un chorrito de aceite de oliva y unas hojas de albahaca fresca toscamente cortadas.

46. Pasta de pavo

1 zanahoria mediana, picada en trozos grandes
1 tallo de apio, picado en trozos grandes
½ taza de perejil fresco de hoja plana suelto
1 cebolla pequeña o ½ cebolla mediana, picada en trozos grandes
3 dientes de ajo, pelados
3 cucharadas de aceite de oliva
1 libra de pavo molido
½ cucharadita de orégano seco
⅛ de cucharadita de pimiento rojo molido, o más al gusto
½ taza de vino blanco seco
2 latas (28 onzas) de tomates enteros pelados
Sal y pimienta negra recién molida
Pasta y Servir
Sal
12 onzas de pasta seca
La mitad de la salsa de pasta de pavo
Unas hojas de albahaca fresca (opcional), cortadas en trozos grandes
Pimienta negra recién molida
Queso parmesano o pecorino recién rallado
Aceite de oliva virgen extra
Equipo Procesador de alimentos (o la voluntad de picar muy finamente a mano), una sartén grande u horno holandés (lo suficientemente grande como para que quepan tanto la salsa como la pasta cocida) con tapa, una olla grande para hervir la pasta y un colador

En un procesador de alimentos, combine la zanahoria, el apio, el perejil, la cebolla y el ajo y mezcle hasta que tenga una pasta bien combinada con solo un poco de textura áspera; estará bastante húmeda por la cebolla. (Lidia Bastianich llama a esto una pestata). Si no tiene un procesador de alimentos, o no quiere usarlo, simplemente puede picar todos estos ingredientes lo más finamente posible.

En una sartén grande o en un horno holandés, caliente 2 cucharadas de aceite de oliva a fuego medio-alto. Agregue toda la pestata y revuelva regularmente, hasta que la mayor parte del líquido se haya evaporado, aproximadamente 5 minutos.

Mientras tanto, en un tazón mediano, combine el pavo, el orégano, el pimiento rojo molido y el vino blanco y revuelva para combinar (yo uso mis manos y luego, obviamente, las lavo). El pavo absorberá el vino blanco y se volverá muy suelto y suave.

Transfiera los tomates enlatados a un tazón grande, incluidos todos sus jugos. Tritúrelos a mano hasta que tenga una textura áspera y rústica, teniendo cuidado de no derramar jugo de tomate sobre el mostrador y su camisa.

Una vez que la pestata esté seca, agregue la mezcla de pavo a la olla y revuelva todo para combinar. Agregue la cucharada restante de aceite de oliva y sazone abundantemente con sal y pimienta negra. Revuelva con frecuencia, sin preocuparse en absoluto por dorar el pavo, hasta que el pavo esté bien cocido y el vino blanco se haya evaporado, de 8 a 10 minutos.

Mientras tanto, ponga a hervir una olla grande de agua para la pasta. Una vez que el pavo esté bien cocido, agregue los tomates triturados. Me gusta usar una espátula de goma o mis manos para raspar todo el jugo que está pegado a los lados del tazón. Revuelva la salsa para combinar y sazone ligeramente con sal y pimienta. Lleve la salsa a fuego lento y luego continúe hirviendo a fuego lento, parcialmente cubierta, durante unos 10 minutos (aproximadamente el tiempo que se tarda en cocinar la pasta).

Cocine la pasta: Ponga a hervir una olla grande de agua. Sal el agua hirviendo y pruébala, debe estar salada como un caldo bien sazonado. Agrega la pasta y cocínala aproximadamente 1 minuto antes de las instrucciones del paquete. Mientras tanto, transfiera la mitad de la salsa a un recipiente hermético (o dos pintas de delicatessen) y deje que alcance la temperatura ambiente antes de guardarla en el refrigerador o congelador.

Escurra la pasta y transfiérala a la olla de la salsa. Aumente el fuego a medio-alto, revolviendo constantemente. Agregue algunas hojas de albahaca fresca y continúe cocinando a fuego lento la pasta hasta que la salsa esté completamente combinada y apenas suelta. Pruebe para sazonar y agregue más sal y pimienta según sea necesario.

Para servir, sirva en tazones, cubra con queso parmesano y un chorrito de aceite de oliva virgen extra.

Al igual que con todos los platos de pasta caldosa (o sopas) de este libro, cocine la cantidad de pasta que desea comer de inmediato. Guarde el resto de la salsa o caldo para las sobras con pasta recién cocida. De lo contrario, la pasta absorberá todo el líquido y tendrás pasta demasiado cocida y sin suficiente caldo.

47. Pasta De Brócoli

Sirve de 3 a 5

Sal
¼ taza de aceite de oliva
6 dientes de ajo, picados
½ cucharadita de orégano seco
⅛ de cucharadita de pimiento rojo molido, o al gusto
Unas 6 tazas de floretes de brócoli bien picados (de 3 tallos medianos o 2 grandes; guarde los tallos para Veggie Scrap Frittata, en esta página, o Veggie Scrap Frittata, en esta página)
Pimienta negra recién molida
Pasta y Servir
1 libra de pasta seca
½ taza de hojas de albahaca fresca en rodajas (opcional)
Queso parmesano o pecorino recién rallado (u omítelo para que sea vegano)
Aceite de oliva virgen extra
Equipo Olla lo suficientemente grande para hervir pasta, sartén grande u horno holandés (lo suficientemente grande para que quepan tanto la salsa como la pasta cocida) con tapa y colador

Ponga a hervir una olla grande de agua para la pasta y agregue solo una cantidad moderada de sal (usará una cantidad justa del agua de cocción de la pasta en la salsa y no querrá sobresalar el plato final).

En una sartén grande o en un horno holandés, caliente el aceite de oliva a fuego medio hasta que esté brillante. Agregue el ajo y revuelva. Sazone el ajo ligeramente con sal y deje que se dore un poco alrededor de los bordes, aproximadamente 2 minutos. Añade el orégano y el pimiento rojo triturado y tuéstalos durante unos 30 segundos.

Inclina el brócoli en la sartén, sazónalo con una pizca de sal y un poco de pimienta negra recién molida y revuélvelo todo para combinarlo. Una vez que la sartén parezca seca, saque aproximadamente ¼ de taza de agua de la pasta y colóquela en la sartén. Cubra con una tapa que cierre bien, reduzca el fuego a medio-bajo y cocine durante 5 minutos para ayudar a que el brócoli se marchite y se cocine al vapor. Destape y aumente el fuego a medio-alto.

Cocine la pasta: agregue la pasta al agua hirviendo y cocine hasta 1 minuto antes de las instrucciones del paquete. Mientras se cocina la pasta, cada vez que la sartén de brócoli comience a secarse y dorarse, agregue un cucharón de agua de la pasta y continúe revolviendo ocasionalmente. Continúe cocinando y echando agua con un cucharón de pasta según sea necesario, hasta que el brócoli esté bastante suave, como un pesto. Una vez que alcance esa consistencia, reduzca el fuego a bajo y deje de agregar más agua.

Cuando la pasta esté al dente, escúrrala y transfiérala a la sartén, asegurándose de reservar al menos 1 taza o más del agua de la pasta.

Regrese la sartén a fuego medio-alto y mezcle la pasta y el brócoli, agregando más cucharones de agua de pasta según sea necesario hasta que tenga un plato de pasta brillante y cohesivo. Si está usando hojas de albahaca, puede echarlas ahora y revolver la pasta una vez más. Pruebe la pasta para sazonar y ajústela como desee.

Sirva inmediatamente, cubierto con queso fresco rallado (si se usa) y un poco de aceite de oliva.

48. Pasta De Salchicha Y Brócoli

Sirve de 3 a 5

Sal
Salchicha de cerdo Cal-Italian o 1 libra de salchicha dulce italiana, sin tripas
⅓ taza de vino blanco seco
2 cucharadas de aceite de oliva
4 dientes de ajo, picados
½ cucharadita de orégano seco
⅛ de cucharadita de pimiento rojo molido, o al gusto
Unas 6 tazas de floretes de brócoli bien picados (de 3 tallos medianos o 2 grandes; guarde los tallos para Veggie Scrap Frittata, en esta página, o Veggie Scrap Frittata, en esta página)
Pimienta negra recién molida
Pasta y Servir
Sal
1 libra de pasta seca
½ taza de hojas de albahaca fresca en rodajas (opcional)
Queso parmesano o pecorino recién rallado (opcional, pero recomendado)
Aceite de oliva virgen extra
Equipo Olla grande para hervir pasta, sartén grande u horno holandés (lo suficientemente grande como para que quepan tanto la salsa como la pasta cocida) y un colador

Traiga una olla grande con agua a hervir. Salarlo generosamente (debe saber como un caldo bien sazonado).
Mientras tanto, en un tazón grande, combine la salchicha y el vino blanco, mezclándolos hasta que esté completamente combinado; la salchicha absorberá toda la humedad con bastante rapidez.
En una sartén grande o en un horno holandés, caliente el aceite de oliva a fuego medio-alto hasta que esté brillante. Agregue la salchicha, rompiéndola con una cuchara de madera a medida que avanza, y déjela freír hasta que desaparezca el color crudo y el vino se haya evaporado, aproximadamente 4 minutos.

Agregue el ajo, el orégano y el pimiento rojo triturado y revuelva para combinar. Continúe salteando hasta que el líquido se evapore y la salchicha comience a dorarse por los bordes, unos 8 minutos.
Agregue el brócoli y sazone con sal y pimienta. Revuelva bien y una vez que esté chisporroteando, reduzca el fuego a medio. Continúe cocinando hasta que el brócoli esté bastante suave, otros 8 minutos más o menos. Si la sartén se seca demasiado, agregue un chorrito de agua de la olla de pasta y desglase la sartén, según sea necesario.
Cocine la pasta: agregue la pasta al agua hirviendo y cocínela aproximadamente 1 minuto antes de las instrucciones del paquete. Reservando al menos 1 taza del agua de la pasta, escurra la pasta y transfiérala a la sartén. Aumente el fuego a medio-alto y mezcle la pasta y el brócoli, agregando cucharones de agua de pasta según sea necesario hasta que tenga un plato de pasta brillante y cohesivo. Si está usando hojas de albahaca, puede echarlas ahora y revolver la pasta una vez más. Pruebe la pasta para sazonar y ajústela como desee.
Sirva inmediatamente, cubierto con queso fresco rallado (si se usa) y aceite de oliva.

49. Pasta de brócoli y anchoas

Sirve de 3 a 5

Sal
3 cucharadas de aceite de oliva
4 dientes de ajo, picados
4 filetes de anchoa en aceite
½ cucharadita de orégano seco
⅛ de cucharadita de pimiento rojo molido, o al gusto
1 cucharadita de salsa de soya
Unas 6 tazas de floretes de brócoli bien picados (de 3 tallos medianos o 2 grandes; guarde los tallos para Veggie Scrap Frittata, en esta página, o Veggie Scrap Frittata, en esta página)
Pimienta negra recién molida
¼ taza de vino blanco seco
Pasta y Servir
1 libra de pasta seca
Sal y pimienta negra recién molida
Aceite de oliva virgen extra
Equipo Olla lo suficientemente grande para hervir pasta, sartén grande u horno holandés (lo suficientemente grande para que quepan tanto la salsa como la pasta cocida) y un colador

Traiga una olla grande con agua a hervir. Sal generosamente (debe saber como un caldo bien sazonado).

En una sartén grande o en un horno holandés, caliente el aceite de oliva a fuego medio-alto hasta que esté brillante. Agregue el ajo y las anchoas y fríalos, revolviendo frecuentemente, durante 2 minutos. Agregue el orégano, el pimiento rojo triturado y la salsa de soja y déjelos tostar durante unos 30 segundos. Agregue el brócoli y sazone con sal y pimienta, revolviendo la mezcla de vez en cuando. Una vez que esté chisporroteando y el brócoli haya absorbido toda la humedad, agregue el vino blanco y desglase la sartén, raspando los pedacitos dorados del fondo de la sartén. Cuando la mayor parte del vino se haya evaporado, reduzca el fuego a medio y continúe revolviendo ocasionalmente. Si la sartén se seca demasiado, agregue un chorrito de agua de pasta hirviendo, según sea necesario.

Cocine la pasta: una vez que el brócoli esté tierno pero no completamente suave, agregue la pasta al agua hirviendo y cocine hasta que esté al dente, aproximadamente 1 minuto antes de que termine. Reservando al menos 1 taza del agua de la pasta, escurra la pasta y transfiérala a la sartén. Aumente el fuego a medio-alto y mezcle la pasta y el brócoli, agregando cucharones de agua de pasta según sea necesario hasta que tenga un plato de pasta brillante y cohesivo. Pruebe la pasta para sazonar y agregue sal según sea necesario.

Sirva inmediatamente, cubierto con mucha pimienta negra recién molida y aceite de oliva.

50. Pasta con Salsa de Tomate con Tocino y Romero

Sirve de 3 a 5

Sal
2 rebanadas de tocino, cortadas en rebanadas de ¼ de pulgada
2 cucharaditas de aceite de oliva
1 cebolla mediana, cortada en cubitos (prefiero la cebolla roja en este plato)
2 dientes de ajo, picados
Pimienta negra recién molida
Una pizca de pimiento rojo triturado
3 ramitas de romero fresco
½ taza de vino blanco seco
1 lata (28 onzas) de tomates enteros pelados, triturados a mano
Pasta y Servir
1 libra de pasta seca (realmente me gusta esto con fusilli o rigatoni, pero cualquiera servirá)
Parmesano recién rallado, pecorino o un queso añejo fuerte similar
Aceite de oliva virgen extra
Equipo Olla lo suficientemente grande como para hervir pasta, una sartén grande u horno holandés y un colador

Poner agua a hervir en una olla y condimentar como un caldo bien salado.
Ponga una sartén grande o un horno holandés a fuego medio. Agregue el tocino y deje que comience a procesarse, revolviendo ocasionalmente, hasta que esté aproximadamente a la mitad de la cocción, de 6 a 9 minutos.
Aumente el fuego a medio-alto y agregue el aceite, la cebolla y el ajo y revuelva. Sazone con sal y pimienta negro. Continúe salteando hasta que la cebolla, el ajo y el tocino estén dorados en los bordes, unos 5 minutos más.
Agregue el pimiento rojo triturado y las ramitas de romero y revuelva. Tueste durante 30 segundos y luego agregue el vino blanco y raspe el fondo de la sartén para desglasar los trozos

dorados. Deje hervir a fuego lento hasta que el líquido se evapore en su mayor parte.

Agregue los tomates, sazone con sal y pimienta y revuelva. Una vez que esté burbujeando, reduzca el fuego a fuego lento y continúe hirviendo, tapado, durante unos 10 minutos.

Cocine la pasta: Mientras tanto, agregue la pasta al agua hirviendo y cocine aproximadamente 1 minuto antes de las instrucciones del paquete.

Reservando una taza más o menos de agua de pasta, escurra la pasta y transfiérala a la sartén con la salsa. Aumente el fuego a fuego lento constante y revuelva constantemente, agregando un chorrito de agua de pasta según sea necesario para obtener una salsa que cubra completamente la pasta sin que quede espesa o demasiado seca, de 1 a 2 minutos. Gusto para sazonar y ajustar.

Sirva inmediatamente en tazones, cubra con queso y un chorrito de aceite de oliva.

51.   Pasta con salsa de romero y champiñones

Sirve de 3 a 5

½ onza de champiñones secos
Sal
1 cucharada más 1 cucharadita de aceite de oliva
1 cebolla mediana, cortada en cubitos (prefiero la cebolla roja en este plato)
2 dientes de ajo, picados
Una pizca de pimiento rojo triturado
3 ramitas de romero fresco
½ taza de vino blanco seco
1 lata (28 onzas) de tomates enteros pelados, triturados a mano
Pimienta negra recién molida
Pasta y Servir
1 libra de pasta seca
Parmesano recién rallado, pecorino o un queso añejo fuerte similar
Aceite de oliva virgen extra
Equipo Olla lo suficientemente grande como para hervir pasta, una sartén o un horno holandés (lo suficientemente grande como para que quepan tanto la salsa como la pasta cocida) y un colador

Coloque los champiñones secos en un tazón pequeño y agregue ½ taza de agua tibia. Deje que los champiñones se remojen hasta que estén completamente blandos, unos 30 minutos. Reservando el agua de remojo, saque los champiñones, transfiéralos a una tabla de cortar y córtelos finamente.

Pon a hervir una olla grande de agua para la pasta. Sal generosamente el agua.

En una sartén grande o en un horno holandés, caliente el aceite a fuego medio. Agregue la cebolla, el ajo y una pizca de sal. Saltee, revolviendo ocasionalmente hasta que los allium estén marchitos, aproximadamente 2 minutos. Aumente el fuego a medio-alto, agregue los champiñones picados y saltee, revolviendo ocasionalmente, hasta que las cebollas se doren un poco en los bordes, de 5 a 7 minutos.

Agregue el pimiento rojo triturado y las ramitas de romero, revuelva y tueste durante 30 segundos. Agregue el vino blanco y el líquido de remojo de champiñones reservado (dejando cualquier sedimento en el fondo del tazón) y raspe el fondo de la sartén con una cuchara de madera para desglasar los trozos dorados. Deje hervir a fuego lento hasta que el líquido se evapore en su mayor parte.

Agregue los tomates, sazone con sal y pimienta y revuelva. Una vez que esté burbujeando, reduzca el fuego a fuego lento y continúe hirviendo, tapado, durante unos 10 minutos.

Cocine la pasta: Mientras tanto, agregue la pasta al agua hirviendo y cocine aproximadamente 1 minuto antes de las instrucciones del paquete.

Reservando aproximadamente 1 taza de agua de pasta, escurra la pasta y transfiérala a la sartén con la salsa. Aumente el fuego a fuego lento constante y revuelva constantemente, agregando un chorrito de agua de pasta según sea necesario para obtener una salsa que cubra completamente la pasta sin que quede espesa o demasiado seca, de 1 a 2 minutos. Gusto para sazonar y ajustar.

Sirva inmediatamente en tazones, cubra con queso y un chorrito de aceite de oliva.

52. Pasta con Salsa de Almejas con Mantequilla Shoyu

Sirve 2 o 3

Sal
1 cucharada de aceite de oliva
1 cucharada de mantequilla sin sal
½ taza de cebolla picada
3 dientes de ajo, en rodajas
1½ cucharadas de salsa de soya
2 latas (6.5 onzas) de almejas picadas en jugo de almejas
1 cucharadita de ralladura de limón
Pimienta negra recién molida
Pasta y Servir
12 onzas de pasta seca, como farfalle o espagueti
2 cucharadas de perejil fresco picado
Pimienta negra recién molida
Aceite de oliva virgen extra
Un chorrito de jugo de limón
Equipo Olla lo suficientemente grande para hervir pasta, colador y una sartén grande u horno holandés (lo suficientemente grande para contener tanto la salsa como la pasta)

Pon a hervir una olla grande de agua para la pasta. Sazone ligeramente con sal (la salsa de soja y las almejas ya tienen una buena cantidad de sal, por lo que deberá tener cuidado).
En una sartén grande o en un horno holandés, caliente el aceite y la mantequilla a fuego medio hasta que la mantequilla se derrita. Agrega la cebolla, el ajo y la salsa de soya y fríe suavemente hasta que la cebolla esté completamente marchita, aproximadamente 3 minutos.
Coloque un colador sobre un tazón; el tazón estará allí para atrapar el jugo de almejas. Abre las latas de almejas y viértelas en el colador, reservando el jugo. (Si las almejas están enteras, córtelas en trozos pequeños).

Agregue la ralladura de limón a la sartén y revuelva suavemente. Agregue las almejas picadas y sazone generosamente con pimienta negra. Reduzca el fuego a bajo y revuélvalos ocasionalmente.

Cocine la pasta: Mientras tanto, agregue la pasta al agua hirviendo y revuelva. Configure un temporizador durante unos 2 minutos menos que el tiempo de cocción recomendado.

Una vez que suene el temporizador, agregue el jugo de almejas a la sartén con las almejas y aumente el fuego a alto. Reservando un poco del agua de la pasta (en caso de que la necesite), escurra inmediatamente la pasta y transfiérala a la sartén. Cocine a fuego lento junto con la mezcla de almejas, revolviendo constantemente, hasta que el jugo de almejas se absorba en la pasta. Si el jugo se absorbe y la pasta no se cocina con la textura deseada, agregue un poco de agua de la pasta reservada y siga cocinando durante uno o dos minutos más. Agregue el perejil y más pimienta negra y mezcle. Para servir, transfiéralo a tazones y cómelo inmediatamente, cubierto con un chorrito de aceite de oliva y unas gotas de limón.

53. Pasta de despensa nocturna borracha

Sirve 1

6 onzas de pasta seca
Sal
1½ cucharadas de mantequilla sin sal
1½ cucharadas de salsa de soya
Especias secas de su elección, como pimienta negra recién molida, algunos batidos de shichimi, pimienta sanshō molida o nada en absoluto
Parmigiano-Reggiano, o un queso añejo fuerte de su elección (opcional), para servir
Un poco de jugo de limón (opcional, pero agradable)
Equipo Olla o cacerola mediana, un colador y una taza

Llene la olla con suficiente agua para cubrir la pasta por una pulgada más o menos. Llevar a ebullición con una pizca de sal (si es sensible a la sal, puede omitir la sal y ajustar más tarde según sea necesario, debido a la salsa de soya en esta receta).
Agregue la pasta y revuelva ocasionalmente hasta que la pasta esté al dente, o unos 30 segundos antes de la cocción deseada. Reservando una taza del agua de la pasta con almidón, escurra la pasta y regrésela a la olla.
Agregue aproximadamente ½ taza del agua de la pasta a la olla y vuelva a calentarla a fuego medio-alto. Agrega la mantequilla, la salsa de soya y las especias que elijas, revolviendo constantemente hasta que la mantequilla se haya emulsionado con la salsa de soya y se haya espesado. Deberías terminar con una olla brillante de pasta recubierta.
Cubra con queso o un chorrito de limón si lo desea. Pruébalo para sazonar y ajusta según sea necesario, luego cómelo de inmediato, teniendo cuidado de no quemarte la boca.

54. Pasta Fazool

Sirve alrededor de 3

2 latas (28 onzas) de tomates enteros pelados
2 cucharadas de aceite de oliva
3 dientes de ajo, en rodajas
1 cabeza de escarola o espinacas, lavadas y picadas en trozos grandes, o 1 bolsa (8 onzas) de espinacas tiernas (puedes omitir las verduras, en un apuro)
Sal y pimienta negra recién molida
1¾ tazas de frijoles cocidos caseros con su líquido de cocción, o 1 lata (15 onzas) de frijoles (cannellini o cualquier frijol blanco funciona muy bien), sin escurrir
1 cucharadita de orégano seco
12 onzas (o tanto como vayas a comer en una sola sesión) de pasta de sopa seca mediana: las orecchiette o las conchas medianas son mis favoritas
1½ tazas de hojas de albahaca fresca sin apretar (opcional), desgarradas
Queso parmesano recién rallado, para servir
Aceite de oliva virgen extra, para servir
Equipo Olla lo suficientemente grande para hervir pasta y un horno holandés o una olla para sopa de fondo grueso con tapa

Pon a hervir una olla grande de agua para la pasta.
Mientras tanto, vierta los tomates enlatados y sus jugos en un tazón grande. A menudo uso una espátula de goma para sacar todo el jugo de la lata. Aplasta los tomates con tus (¡limpias!) manos, teniendo cuidado cada vez que revientas un tomate entero ya que el jugo realmente quiere chorrear por toda tu cocina y tu camisa. Retire los trozos de tallo especialmente duros o los trozos de piel y deséchelos. Tus tomates deben terminar con una consistencia gruesa y gruesa.
En el horno holandés, caliente el aceite de oliva a fuego medio hasta que brille. Agregue el ajo y saltee hasta que comience a dorarse alrededor de los bordes, de 1 a 2 minutos. Aumenta el fuego a

medio-alto. Si usa verduras, agréguelas ahora (o pase directamente a agregar los frijoles), sazone ligeramente con sal y pimienta y cocine hasta que estén completamente marchitas. Agregue los frijoles (con sus jugos), el orégano y un poco de sal y pimienta y déjelos hervir a fuego lento, revolviendo con frecuencia, hasta que el líquido se espese bien y se reduzca a la mitad.

Agregue los tomates triturados, raspando la mayor cantidad posible de jugos de los lados del tazón. Revuelve los tomates y luego sazónalos con más sal y pimienta. Continúe cocinando a fuego medio-alto hasta que todo hierva a fuego lento, luego cubra y reduzca el fuego a fuego lento mientras cocina la pasta.

A estas alturas, el agua debería estar hirviendo. Sazone con sal hasta que sepa como un caldo con buen sabor, luego agregue la pasta y cocine hasta que esté al dente de acuerdo con las instrucciones del paquete.

Si sirve todo el fazool a la vez Escurra la pasta y luego agréguela a la olla con los tomates y los frijoles. Mezcle la mitad de la albahaca fresca y revuelva, permitiendo que todo hierva a fuego lento brevemente y se combine. Pruebe para sazonar y ajuste como desee. Sirva en tres tazones de sopa y cubra con queso parmesano, aceite de oliva y albahaca fresca. Coma inmediatamente, con una cuchara sopera.

Si solo comes un poco de fazool Escurre la pasta y regrésala a la olla en la que la cocinaste. Regrésala a la estufa a fuego medio y vierte suficiente caldo de tomate y frijoles para hacer una sopa balanceada. Agregue un poco de albahaca fresca y revuelva, permitiendo que todo hierva a fuego lento brevemente y se combine. Pruebe el condimento y ajuste según lo desee, luego sirva con un cucharón en tazones de sopa y cubra con queso parmesano, aceite de oliva y albahaca fresca. Coma inmediatamente, con una cuchara sopera.

Deje que el fazool sobrante se enfríe y luego cúbralo y guárdelo en el refrigerador hasta por 1 semana.

55. Fazool de verano de reliquia cálida

Sirve de 5 a 7

6 dientes de ajo, en rodajas finas
½ taza de aceite de oliva virgen extra
2 ramitas de albahaca, hojas recogidas de tallos, tallos y hojas separados
4 libras (o un poco más) de tomates reliquia maduros
Sal (este es en realidad un buen lugar para usar sal elegante si realmente quieres)
1 libra de formas pequeñas de pasta seca, como tubetti, ditalini o conchas pequeñas
3½ tazas de frijoles blancos cocidos o 2 latas (15 onzas) de frijoles blancos, escurridos
Pimienta negra recién molida
Queso Parmigiano-Reggiano recién rallado (opcional)
Equipo Cacerola pequeña (o cualquier sartén decente, siempre que no sea muy ancha), colador, olla grande para escaldar tomates y hervir pasta, y una licuadora o batidora de inmersión

Comience por hacer el aceite infundido. En una cacerola pequeña, combine el ajo y el aceite. Las rodajas de ajo deben ser lo suficientemente delgadas como para sumergirlas totalmente en aceite. Si no están sumergidos, muévalos hasta que estén cubiertos o agregue un poco más de aceite. Agrega los tallos de albahaca (está bien si sobresalen), doblándolos por la mitad para que quepan en la sartén si es necesario. Lleve el aceite a una burbuja suave (a fuego bajo o medio-bajo, dependiendo de su estufa), un par de minutos; si el ajo chisporrotea, baje el fuego. Una vez que los tallos de albahaca comiencen a marchitarse, puede empujarlos hacia abajo en el aceite con un tenedor o una cuchara para cocinar. Continúe cocinando suavemente a fuego lento hasta que el ajo esté tan tierno que pueda untarlo con un cuchillo de mantequilla, aproximadamente 25 minutos.

Deseche los tallos de albahaca. Coloque un colador sobre un tazón pequeño y vierta el ajo y el aceite en él. (Guarde también las rodajas de ajo: son deliciosas espolvoreadas sobre la pasta al final, o simplemente untadas sobre una tostada o en un sándwich). Deje el aceite a un lado. Este paso se puede hacer con varias horas o incluso días de antelación.

A continuación, hierva una olla grande de agua. Debe ser lo suficientemente grande para blanquear todos los tomates sin que se amontonen (o blanquearlos en tandas si no tienes una olla lo suficientemente grande). Mientras tanto, usa un cuchillo para cortar una pequeña "X" en la parte inferior de cada tomate (esto facilitará que se suelte la piel). Una vez que el agua esté hirviendo, sumerja suavemente cada tomate en el agua hirviendo. Blanquee durante 30 a 60 segundos, o hasta que las pieles comiencen a ablandarse y se retraigan alrededor de la pequeña "X" que cortó. Levante suavemente los tomates del agua y déjelos a un lado en un plato o en un tazón. Puedes reutilizar esta agua y esta olla para cocinar la pasta y recalentar los frijoles.

Una vez que esté lo suficientemente frío como para manipularlo, tome cada tomate y sosténgalo sobre un tazón grande, permitiendo que el jugo gotee en el tazón mientras lo manipula. Con los dedos o el dorso de un cuchillo, retire la piel y deséchela (a veces exprimiré primero los últimos trozos de carne o jugo de la piel). Con un cuchillo pequeño, corte el centro duro de los tomates y deséchelos. Notarás que el centro del tomate todavía está frío y bastante crudo. Coloque el tomate terminado en el tazón y luego repita con los restantes.

Sazone los tomates con una pizca de sal. Usando una licuadora de inmersión directamente en el tazón (o en una licuadora de pie en lotes si es necesario) mezcle los tomates hasta que estén casi completamente suaves. Puede tomar un momento para que comiencen a usar la licuadora de inmersión, pero deberían comenzar a liberar una gran cantidad de líquido rápidamente.

Una vez mezclado, pruebe para sazonar y ajuste. Continúe mezclando y rocíe lentamente el aceite infundido. Siga mezclando hasta que se vierta todo el aceite. Pruebe el caldo de tomate para sazonar y ajuste si es necesario. Necesitarás 5 tazas de caldo de tomate en total para la receta; refrigere o congele el resto.

Cuando sea hora de comer, vuelva a hervir el agua (o ponga a hervir agua en una nueva olla). Sazone con sal (debe saber como un caldo bien sazonado). Agregue la pasta al agua y cocine a unos 3 minutos menos de las instrucciones del paquete. Agregue los frijoles escurridos al agua y revuelva. Continúe cocinando hasta que la pasta esté al dente y luego escúrrala por completo.

Transfiera la pasta caliente y los frijoles a un tazón grande. Rasga las hojas de albahaca reservadas y revuélvelas en la pasta caliente, dejando que se marchiten. Revuelva el caldo de tomate, luego agregue 4 tazas de caldo de tomate a la pasta y mezcle.

Sirva en tazones. Cubra cada tazón con el caldo de tomate restante. Terminar con pimienta negra y queso (y láminas de ajo confitado si las conservaste). Coma inmediatamente.

56. Pesto De Vegetales Verdes

Hace alrededor de 3½ tazas

Sal

8 onzas de vegetales verdes, como brócoli, guisantes (sin cáscara, frescos o congelados), habas, col rizada picada, guisantes enteros y similares (2½ a 3 tazas)

¼ taza de almendras crudas (1¼ onzas), tostadas hasta que estén fragantes

3 dientes de ajo, pelados

1 onza de queso parmesano o cualquier queso añejo que le guste, recién rallado (alrededor de ½ taza)

3 cucharadas de jugo de limón fresco, y más al gusto

¼ taza de hojas de albahaca fresca, toscamente cortadas

3 cucharadas de aceite de oliva virgen extra

Pimienta negra recién molida

Equipo Olla grande para escaldar verduras, colador y procesador de alimentos o licuadora (con pisón)

Poner a hervir agua en una olla grande y salar bien.

Mientras tanto, llene un tazón grande con agua helada; esto será para sacudir las verduras después de que estén cocidas, conservando su color verde brillante y deteniendo el proceso de cocción.

Coloque las verduras en el agua hirviendo y blanquee hasta que estén apenas cocidas pero todavía crujientes, unos 90 segundos. Escurrirlas inmediatamente y luego sumergirlas en el baño de hielo para que se enfríen, revolviéndolas un poco para distribuirlas en el agua. Una vez que estén completamente fríos, escúrralos nuevamente, desechando el hielo. Déjelos reposar en el colador durante un par de minutos para drenar el exceso de agua (no querrá que se diluya el pesto).

Mientras tanto, en un procesador de alimentos o licuadora, combine las almendras y el ajo y procese hasta obtener una textura gruesa similar a las migas de pan. Agregue las verduras blanqueadas, el queso rallado, el jugo de limón, la albahaca, el aceite de oliva y unas cuantas vueltas de pimienta negra. Pulse, raspando los lados del tazón según sea necesario, hasta que tenga un pesto de textura gruesa que no sea completamente suave. Sazone al gusto con sal y más jugo de limón según sea necesario, luego transfiéralo a recipientes.

57. Pasta Verde al Pesto

Sirve de 3 a 5

Sal
1 libra de pasta seca
Redondeado ½ taza de pesto de vegetales verdes
2 cucharadas de aceite de oliva virgen extra
½ taza de queso recién rallado, como Parmigiano-Reggiano
Pimienta negra recién molida

Poner a hervir agua en una olla grande y salar bien. Agregue la pasta y cocine al dente de acuerdo con las instrucciones del paquete. Reservando aproximadamente ½ taza del agua de cocción de la pasta, escurra la pasta y transfiérala a un tazón grande. Mezcle la pasta cocida, el pesto, 3 cucharadas del agua de la pasta reservada, el aceite de oliva y el queso. Sazone al gusto con sal y pimienta y luego cómalo inmediatamente.

58. Pesto de miso y espinacas

Hace alrededor de 2 tazas

½ taza de almendras crudas (2½ onzas), tostadas hasta que estén fragantes o compradas en la tienda
3 dientes de ajo, pelados
8 onzas de hojas de espinaca
3 cucharadas de jugo de limón fresco
3 cucharadas de miso blanco
½ taza de hojas de albahaca fresca sin apretar
1½ cucharaditas de vinagre de arroz
1 cucharadita de tamari
Unos giros de pimienta negra
¼ de cucharadita de pimiento rojo molido
¼ taza de aceite de oliva virgen extra
Sal
Equipo Procesador de alimentos

En un procesador de alimentos, triture las almendras y el ajo hasta obtener una mezcla molida muy gruesa, raspando los lados del procesador de alimentos según sea necesario.

Agregue la espinaca, el jugo de limón, el miso, la albahaca, el vinagre, el tamari, la pimienta negra y el pimiento rojo triturado y mezcle hasta que tenga una mezcla casi descompuesta y mezclada. Con la máquina en funcionamiento, rocíe el aceite de oliva y procese hasta que el pesto esté unificado y casi uniforme, con algunos pedacitos de textura.

Sazone al gusto con sal y utilícelo inmediatamente o guárdelo en un recipiente herméticamente cerrado en el refrigerador.

59. Pasta al pesto con miso

Sirve de 3 a 5

Sal
1 libra de pasta seca
½ taza redondeada de pesto de miso y espinacas
2 cucharadas de aceite de oliva virgen extra
Pimienta negra recién molida

Poner a hervir agua en una olla grande y salar bien. Agregue la pasta y cocine al dente de acuerdo con las instrucciones del paquete. Reservando aproximadamente ½ taza del agua de cocción de la pasta, escurra la pasta y transfiérala a un tazón grande. Agregue el pesto y el aceite de oliva y revuelva para combinar. Sazone al gusto con sal y pimienta negra y coma inmediatamente.

60.   Miso Pesto Soba

Sirve 1

90 gramos (3,2 onzas) de fideos soba secos
2 cucharadas de pesto de miso y espinacas
1 cucharadita de aceite de oliva virgen extra
Sal
Pimienta negra recién molida

En una olla con agua hirviendo, cocine el soba de acuerdo con las instrucciones del paquete. Reservando un chorrito de agua de cocción, escurra el soba y transfiéralo a un tazón para servir. Agregue el pesto, 2 cucharaditas de agua de cocción reservada y el aceite de oliva y revuelva para combinar. Sazone al gusto con sal y pimienta y coma inmediatamente.

61. Soba frío de sésamo

Sirve 2

¼ taza de tahini
3 cucharadas de aceite de oliva virgen extra
1 cucharada de aceite de chile o aceite de sésamo
1 cucharada más 1 cucharadita de tamari
1 cucharada más 1 cucharadita de vinagre de vino tinto
1 cucharada más 1 cucharadita de vinagre de arroz
360 gramos (12,7 onzas) de fideos soba
Sal
1 pepino inglés (alrededor de 11 onzas) o 4 pepinos persas (mini), cortados en cerillas de aproximadamente 2½ pulgadas de largo
2 cebolletas, solo las tapas de color verde oscuro, en rodajas
1 cucharada de semillas de sésamo blanco, recién tostadas o compradas ya tostadas
Equipamiento Olla grande para los fideos y colador

Pon a hervir una olla grande de agua para la soba.
Mientras tanto, en un tazón grande para mezclar o servir, combine el tahini, el aceite de oliva, el aceite de chile, el tamari, el vinagre de vino tinto y el vinagre de arroz y revuelva hasta que se mezclen. (Parecerá roto al principio, pero se hidratará y se volverá suave mientras se asienta).
Una vez que el agua esté hirviendo, cocina los fideos soba según las instrucciones del paquete. Escurrir la soba en un colador y enjuagar con agua fría. Agite el colador varias veces, tratando de sacar la mayor cantidad de agua posible de los fideos para no diluir el aderezo.
Agregue los fideos escurridos al tazón de aderezo y revuélvalos hasta que estén muy bien combinados. Sazone al gusto con sal, según sea necesario. Luego, ya sea en el mismo tazón o dividido en tazones más pequeños, adorne los fideos soba con pepinos en juliana, cebolletas y semillas de sésamo. Coma inmediatamente.
Las sobras se mantendrán en el refrigerador durante unos 5 días.

62. Ensalada De Fideos De Arroz Con Kale Y Edamame

Sirve 1 o 2

1 cucharada de aceite de sésamo
2 cucharadas de tamari, y más al gusto
1 cucharada de vinagre de arroz
1 diente de ajo, rallado
½ cucharadita de jengibre fresco rallado
12 hojas de col rizada, nervaduras centrales y tallos descartados
8 onzas de fideos de arroz
¼ taza de edamame sin cáscara o guisantes congelados
Zumo de lima, para terminar
1 cucharada de semillas de sésamo blanco, recién tostadas o compradas ya tostadas
¼ taza de hojas de cilantro fresco en rodajas (opcional)
Equipo Rallador (para el jengibre y el ajo), una olla grande para los fideos y un colador

Ponga a hervir una olla grande de agua; quiere darles mucha agua a los fideos de arroz o, de lo contrario, se volverán gomosos.

En un tazón grande, mezcle el aceite de sésamo, el tamari, el vinagre de arroz, el ajo y el jengibre. Corta las hojas de col rizada en tiras de ½ pulgada o más de ancho.

Agregue los fideos de arroz y el edamame al agua hirviendo, revolviendo con frecuencia para evitar que los fideos se peguen. Una vez que los fideos estén masticables, tiernos y cocidos a su gusto, agregue los trozos de col rizada. Deje que la col rizada se cocine durante unos 10 segundos y luego escurra todo en un colador. Enjuague los fideos y las verduras con agua fría hasta que estén calientes, luego deje escurrir la mayor cantidad de agua posible.

Agregue los fideos y las verduras al tazón y revuélvalos bien para combinarlos. Sazone la ensalada con tamari adicional y jugo de limón al gusto. (Si desea servirlo más tarde, no agregue el tamari y el jugo de lima. Tape y guarde en el refrigerador, y cuando esté listo para servir, sazone al gusto con tamari y lima).

Sírvelo en un tazón grande o en tazones individuales, adornado con las semillas de sésamo tostadas y el cilantro en rodajas.

SOPAS Y GUISADOS

63. minestrone de mamá

Sirve de 6 a 8

2 cucharadas de aceite de oliva
2 cucharadas de mantequilla sin sal
2 puerros, solo las partes blanca y verde claro, lavados y cortados en cubitos
2 dientes de ajo, picados en trozos grandes
Sal y pimienta negra recién molida
Aproximadamente 1 libra de papas, en cubos medianos
3 zanahorias medianas o 2 grandes, cortadas en rodajas de ¼ de pulgada
4 tallos de apio, cortados en rodajas de ¼ de pulgada
2 calabazas amarillas medianas, cortadas por la mitad a lo largo y transversalmente en medias lunas de ¼ de pulgada
1 calabacín, cortado a la mitad a lo largo y transversalmente en medias lunas de ¼ de pulgada
8 onzas de judías verdes, sin los extremos, cortadas en trozos de ½ pulgada
1 libra de guisantes congelados (o frescos si los tiene)
3½ tazas de frijoles cocidos con su líquido de cocción, hechos en casa, o 2 latas (de 15 onzas) de frijoles (si estoy usando frijoles enlatados, generalmente uso una lata de cannellini y una de riñón rojo), sin escurrir
2 tazas de caldo de pollo
Una corteza de parmesano
1 lata (28 onzas) de tomates enteros pelados, triturados a mano
Pasta y Servir
Sal
3 a 4 onzas de pasta seca por persona, como orecchiette o conchas medianas
Parmigiano-Reggiano recién rallado o un queso curado de su elección
Aceite de oliva virgen extra
Albahaca fresca toscamente desgarrada

Equipo Una olla para sopa de fondo grueso (al menos 7 cuartos) con tapa y una olla para cocinar la pasta

En una olla para sopa de fondo grueso, caliente el aceite de oliva y la mantequilla a fuego medio-bajo (el objetivo es desarrollar el sabor lentamente al principio). Cuando la mantequilla se haya derretido, agregue los puerros y el ajo y déjelos sudar lentamente. Sazonarlos con sal y pimienta; revuelva ocasionalmente (y acostúmbrese a este paso, ya que lo hará cada vez que agregue un nuevo ingrediente) hasta que se hayan marchitado y ablandado, aproximadamente 4 minutos.

Comente lo maravilloso que huele la cocina, luego agregue las papas, sazone con sal y pimienta, revuelva para combinar y cocine hasta que comiencen a chisporrotear en la sartén. Agregue las zanahorias, sazone y revuelva. A estas alturas, la sartén comenzará a llenarse, por lo que puede aumentar el fuego a medio.

Repita estos pasos, agregando cada ingrediente nuevo, sazonando, revolviendo y dejando que chisporrotee antes de pasar al siguiente, agregando en este orden: apio, calabaza amarilla, calabacín, judías verdes y guisantes. Casi debería parecer que estás haciendo un relleno de pastel de verduras.

Agregue los frijoles, incluido su líquido, sazone y revuelva. Vierta 2 tazas de agua y el caldo de pollo. Aumente el fuego a medio-alto y agregue la corteza de queso parmesano, revolviendo ocasionalmente hasta que la mezcla hierva a fuego lento. Finalmente, agregue los tomates y sus jugos, sazone (sí, nuevamente) con sal y pimienta, y lleve toda la olla a fuego lento.

Reduzca a fuego lento y cubra la olla. Continúe cocinando a fuego lento el minestrone, revolviéndolo ocasionalmente, hasta que se haya espesado en un estofado sustancioso, aproximadamente 3 horas. Pruebe para sazonar y ajuste como mejor le parezca.

Cocine la pasta: Ponga a hervir una olla con agua. Bien sal el agua. Agregue tanta pasta como la cantidad de porciones de minestrone que planea comer y cocine hasta que esté al dente de acuerdo con las instrucciones del paquete. Escurrir la pasta y devolverla a la olla.

Agregue suficiente minestrone para que sea más una sopa con pasta y deje que la mezcla hierva a fuego lento durante unos 30 segundos.

Para servir, sirva la sopa minestrone en tazones y cubra cada uno con queso, aceite de oliva y albahaca. Coma inmediatamente.

Deje que cualquier minestrone adicional (sin la pasta) se enfríe por completo y guárdelo en el refrigerador hasta por 7 días, o en el congelador durante varios meses.

64. Minestrone vegano con pesto de miso

Sirve de 4 a 6

2 cucharadas de aceite de oliva
1 diente de ajo, picado
¼ taza de cebolla blanca picada
2 tallos de apio, cortados en cubitos
1 zanahoria mediana, cortada en cubitos
Sal y pimienta negra recién molida
½ libra de frijoles secos (cualquier frijol servirá, aunque con mayor frecuencia he usado un frijol blanco como cannellini o Great Northern)
1½ tazas de vegetales verdes tiernos cortados en cubos medianos (me gusta usar calabacín, judías verdes y guisantes)
1 taza de pesto de miso y espinacas, o al gusto, a temperatura ambiente
Equipo Olla para sopa de fondo grueso con tapa u horno holandés y una sartén o sartén para saltear

En una olla para sopa de fondo grueso, caliente 1 cucharada de aceite a fuego medio-alto hasta que brille. Agregue el ajo, la cebolla, el apio y la zanahoria. Sazone con sal y pimienta y saltee hasta que se ablande, aproximadamente 3 minutos.

Agregue los frijoles secos y agregue agua para cubrir aproximadamente 3 pulgadas. Lleve a fuego lento y sazone con sal para que el agua sepa que tiene apenas menos sal que un caldo de buen sabor. Cubra la olla y cocine a fuego lento hasta que los frijoles estén completamente cocidos, vigilando el nivel del agua y manteniendo al menos media pulgada de agua sobre los frijoles. Busca frijoles cocidos y una consistencia caldosa que no sea espesa como un guiso. Esto puede tomar de 1 a 3 horas, dependiendo de los frijoles. Cuando los frijoles estén listos, retira la olla del fuego.

En una sartén, caliente la cucharada de aceite restante a fuego medio-alto. Agrega las verduras verdes y sazónalas con sal y pimienta. Cocínelos hasta que estén apenas cocidos y todavía tengan algo de mordisco, revolviendo ocasionalmente, aproximadamente 2 minutos.

Agregue las verduras salteadas a la olla de frijoles y mezcle todo, probando para sazonar y ajustando según sea necesario (teniendo en cuenta que el pesto tiene sal).

Sirva la sopa en tazones, cubra con una cucharada de pesto. Coma inmediatamente, revolviendo el pesto mientras come.

65. Sopa de miso

Para 4 personas

1 cucharada de wakame seco
3½ tazas de dashi vegano
¼ taza de pasta de miso rojo (o cualquier miso que tengas)
¾ de taza de champiñones en rodajas finas (champiñones botón, shiitake o cremini) o champiñones de haya enteros
10 onzas de tofu, idealmente sedoso, escurrido y cortado en cubos del tamaño de un bocado
Sal
1 cebollín, en rodajas finas
Pimienta sanshō molida, pimienta blanca o pimienta negra (opcional)
Equipamiento Cacerola o sopera y batidor

Coloque el wakame en un tazón mediano y agregue agua fría para cubrirlo aproximadamente 1 pulgada. Dejar reposar para rehidratar. Mientras tanto, en una cacerola mediana, caliente el dashi a fuego medio hasta que esté tibio. Coloque la pasta de miso en un tazón mediano (o en un cucharón grande para sopa) y agregue de 2 a 3 cucharadas de dashi. Bátelo suavemente hasta que esté completamente combinado, esto diluirá el miso y evitará que se aglomere en la sopa, luego agrégalo a la cacerola poco a poco, batiendo constantemente.

Lleve la sopa a fuego lento y agregue los champiñones y el tofu, cocine a fuego lento hasta que los champiñones estén cocidos y el tofu completamente caliente, aproximadamente 2 minutos. Escurre el wakame y añádelo a la olla.

Pruebe la sopa para sazonar y ajuste según sea necesario con sal. Sírvelo en tazones, cubriendo cada uno con un poco de cebollín y una pizca de sanshō, pimienta blanca o negra si se usa.

66.   Arroz Caldoso De Camarones

Para 4 personas

1 libra de camarones medianos, preferiblemente con cáscara
1 cucharada de tamari
5 tazas de caldo de pollo
5 dientes de ajo machacados y pelados
1 cebolla pequeña, picada gruesa
2 chiles Anaheim (o cualquier chile verde algo suave que pueda encontrar), sin semillas y picados en trozos grandes
1 taza de hojas de cilantro frescas picadas en trozos grandes, y más para decorar
1 tallo de apio, picado en trozos grandes
1 zanahoria, picada en trozos grandes
1 pinta de tomates cherry o uva
2 cucharadas de aceite de oliva
1 taza de arroz blanco de grano largo
1 cucharadita de ajo en polvo
1 cucharadita de orégano seco
1 cucharadita de pimentón, preferiblemente ahumado
½ cucharadita de cilantro molido
½ cucharadita de comino molido
½ cucharadita de cúrcuma molida
Sal
Rodajas de lima, para servir
Equipo Olla mediana, procesador de alimentos o licuadora potente con tamper (como una Vitamix), horno holandés u olla pesada con tapa y colador

Si los camarones tienen cáscara, quíteles la cáscara y la cola y déjelos a un lado. Coloca los camarones en un tazón mediano y agrega el tamari. Mezcle y deje marinar en el refrigerador hasta que se necesite.
Coloque las cáscaras y las colas de los camarones reservadas en una olla mediana junto con el caldo de pollo, cubra y deje hervir a fuego

lento. Mantén caliente mientras preparas el resto de los ingredientes.

En un procesador de alimentos o licuadora, combine el ajo, la cebolla, los chiles, el cilantro, el apio, la zanahoria y los tomates. Mézclalos hasta que tengas una pasta de textura áspera, probablemente será bastante acuosa.

En un horno holandés, caliente el aceite de oliva a fuego medio-alto hasta que brille. Agregue el arroz, el ajo en polvo, el orégano, el pimentón, el cilantro, el comino y la cúrcuma y revuélvalos con frecuencia, permitiendo que el arroz se tueste y las especias se vuelvan fragantes. Sazone con sal y deje que el arroz se tueste durante unos 90 segundos más. Agregue la mezcla de vegetales licuados y cocine a fuego lento, luego continúe hirviendo a fuego lento, revolviendo con frecuencia, hasta que una buena cantidad de humedad se haya evaporado, aproximadamente 4 minutos.

Sostenga un colador sobre el horno holandés y vierta o sirva con un cucharón el caldo de pollo, permitiendo que el colador atrape las colas y las cáscaras de los camarones. Deseche las colas y las conchas.

Lleve todo de nuevo a fuego lento y luego cubra y reduzca el fuego a bajo. Continúe cocinando hasta que el arroz esté bien cocido, unos 15 minutos. Si la mezcla se espesa hasta el punto de que ya no se puede esparcir, como una sopa, agregue un poco de agua y vuelva a hervir a fuego lento. Pruébelo para sazonar y agregue más sal si es necesario.

Agregue los camarones y revuelva para combinar. Cubra la olla y deje que hierva a fuego lento hasta que los camarones estén apenas cocidos, unos 3 minutos más.

Sirva inmediatamente, adornado con hojas de cilantro y una rodaja de lima.

67. Chili con carne escasa

Sirve de 6 a 8

2 cucharadas de aceite de oliva
1 cucharada de mantequilla sin sal
1 taza de cebolla blanca picada (o cualquier cebolla)
3 dientes de ajo, finamente picados
1 chile serrano, cortado en cubitos (puede sustituir cualquier chile que desee, quitando las semillas y las costillas si lo desea menos picante)
Sal y pimienta negra recién molida
1 calabacín, cortado en cubitos
1 calabaza amarilla, cortada en cubitos
1 manojo de col rizada (alrededor de 12 hojas), sin tallos ni nervaduras centrales y con las hojas picadas
1 libra de carne molida (cualquier porcentaje de grasa estará bien)
3 cucharadas de chile en polvo (echa un vistazo a la lista de ingredientes para ver si incluye sal y, de ser así, usa menos sal en el resto de tu cocina)
1 cucharadita de comino molido
1 cucharadita de ajo en polvo
1 taza de lentejas rojas, enjuagadas
1¾ tazas de frijoles cocidos con su líquido de cocción (prefiero riñón rojo, pero cualquiera funcionará), caseros, o 1 lata (15 onzas) de frijoles, sin escurrir
4 tazas de caldo de pollo
1 lata (28 onzas) de tomates enteros pelados, triturados a mano
Opciones de cobertura
Cebolla blanca picada
tallos de cilantro en rodajas
CCrea agria
Queso cheddar fuerte rallado
Yogur
Un chorrito de jugo de lima
Equipo Horno holandés u olla de sopa de fondo grueso

En un horno holandés, caliente el aceite y la mantequilla a fuego medio hasta que la mantequilla se derrita. Agregue la cebolla, el ajo y el chile fresco. Sazone con sal y pimienta negra y revuélvalo ocasionalmente, hasta que la cebolla se ablande, aproximadamente 3 minutos.

Agregue el calabacín y la calabaza amarilla y sazone con sal, luego revuelva para combinar. Una vez que la olla haya vuelto a chisporrotear, agregue la col rizada, sazone con sal y revuelva. Una vez que la col rizada se haya marchitado un poco, agregue la carne molida, el chile en polvo, el comino y el ajo en polvo. Sazone la carne con sal y pimienta negra y revuelva todo junto. No hay razón para tratar de dorar la carne en este plato, simplemente revuélvelo todo para que la carne no se cocine en grandes grumos.

Agregue las lentejas rojas y continúe revolviendo hasta que estén bien combinadas y comiencen a chisporrotear en la sartén. Continúe cocinando, revolviendo ocasionalmente, hasta que el color crudo desaparezca de la carne.

Agregue los frijoles y el caldo de pollo y aumente el fuego a alto. Una vez que esté burbujeando, reduzca a fuego lento, cubra y continúe cocinando a fuego lento hasta que las lentejas estén bien blandas, vigilando la cantidad de líquido y agregando agua según sea necesario; si el líquido es demasiado espeso, las lentejas rojas tomarán mucho tiempo para cocinar. Esto probablemente tomará alrededor de 30 minutos.

Una vez que las lentejas se hayan ablandado, añade los tomates triturados. Devuelva el chile a fuego lento, cubra y cocine durante 1 hora, revolviendo el fondo de la olla (a veces, a las lentejas rojas les gusta pegarse al fondo). Deberías terminar con una consistencia espesa y sustanciosa similar a un estofado. Pruébalo para sazonar y ajusta según sea necesario.

Sírvelo en tazones con los toppings de tu elección.

68. Sopa De Fideos De Pollo Italiana Judía

Sirve de 4 a 6

7 tazas de caldo de pollo
Sal
8 onzas de pollo cocido, desgarrado a mano (alrededor de 1 taza; vea la nota)
2 zanahorias medianas, cortadas en rodajas de ½ pulgada aproximadamente (alrededor de 1 taza)
3 tallos de apio, cortados en trozos de ½ pulgada aproximadamente (alrededor de 2 tazas)
1 taza de cebolla amarilla picada aproximadamente (de una cebolla pequeña a mediana)
1 papa rojiza (8 onzas), en cubos medianos
Fideos y Servir
Sal
12 onzas de fideos de huevo extra anchos o pasta seca de sémola corta, como conchas medianas u orecchiette
Perejil fresco de hoja plana finamente picado
Queso Parmigiano-Reggiano recién rallado
Pimienta negra recién molida
Equipo Cacerola u olla para sopa de aproximadamente 4 cuartos de galón, una olla lo suficientemente grande como para hervir fideos y un colador

En una cacerola de 4 cuartos, lleve el caldo de pollo a fuego lento a fuego medio. Sazone con sal al gusto, incluso puede estar un poco demasiado salado, ya que las verduras y el pollo absorberán una gran cantidad de ese condimento. Agregue el pollo, las zanahorias, el apio, la cebolla y la papa y vuelva a hervir a fuego lento. Reduzca el fuego a fuego lento, cubra y cocine hasta que todo el crujido haya dejado las verduras pero no estén blandas, aproximadamente 20 minutos. Pruebe la sopa para sazonar y agregue más sal según sea necesario. Una vez que las verduras estén cocidas, puedes retirar del fuego y mantenerlo tapado hasta que estés listo para cocinar los fideos.

Cocine los fideos: cuando sea el momento de comer, hierva una olla con agua de pasta generosamente salada. Agregue los fideos de huevo y cocine al dente según las instrucciones del paquete. Escúrralos y repártalos en tazones: me gusta una cantidad decente de fideos en mi tazón, así que tiendo a llenar el tazón hasta la mitad con fideos. Pero cada uno puede hacer esto a su gusto personal.

Sirva la sopa caliente sobre los fideos, asegurándose de que haya mucho caldo. Cubra los tazones con una pizca de perejil, queso parmesano y varias grietas fuertes de pimienta negra. Coma de inmediato.

Las sobras se recalientan bastante bien, solo asegúrese de no dejar, bajo ninguna circunstancia, los fideos de huevo en la olla con el caldo. Guarde los fideos y la sopa sobrantes por separado.

69. Sopa De Fideos Con Pollo Y Jengibre Y Cilantro

Para 4 personas

1 paquete (3½ onzas) de champiñones bunashimeji (haya) o 3 onzas más o menos de otros champiñones, como botón blanco, cremini, shiitake u ostra
4 tazas de caldo de pollo
3 cucharadas de tamari
3 cebolletas, en rodajas finas, las tapas de color verde oscuro se mantienen separadas
Jengibre fresco de 3 pulgadas, rallado o picado finamente (alrededor de 2½ cucharadas)
4 onzas de pollo cocido, cortado en trozos pequeños
6 onzas de fideos de arroz, como mai fun, pad thai o vermicelli
Sal
2 cabezas pequeñas de bok choy, picadas muy gruesas, o aproximadamente 6 onzas de hojas de espinaca, picadas gruesas
Hojas de cilantro, para decorar
Semillas de sésamo blanco, recién tostadas o compradas ya tostadas
Equipo Olla lo suficientemente grande como para hervir fideos y una cacerola u olla para sopa de aproximadamente 4 cuartos de galón

Prepara los champiñones: Para el bunashimeji, corta el extremo de la raíz sucia y deséchalo, luego separa los champiñones en pedazos individuales. Para cremini o botón blanco, cepille la suciedad y córtelos en rodajas finas. Para el shiitake o la ostra, quite los tallos y guárdelos para Vegan Dashi, luego simplemente rompa las tapas en pedazos del tamaño de un bocado.
Pon a hervir una olla con agua para los fideos de arroz.
Mientras tanto, en una cacerola de 4 cuartos, lleve el caldo y el tamari a fuego lento. Agregue las partes blanca y verde claro de la cebolleta, el jengibre, el pollo y los champiñones. Vuelva a llevar el caldo a fuego lento y luego reduzca el fuego, cubra y mantenga a fuego lento durante unos 10 minutos. Retire del fuego.

Agregue los fideos al agua hirviendo y cocine de acuerdo con las instrucciones del paquete. Escurra los fideos y divídalos en cuatro tazones. Pruebe la sopa para sazonar y agregue sal si es necesario; está bien si está a punto de estar demasiado salada, ya que todavía hay fideos y verduras para acompañarla.

Agregue el bok choy o las espinacas a la olla de sopa y revuélvalos para que se sumerjan en el caldo. Cubra la olla nuevamente y deje que las verduras se marchiten durante unos 30 segundos (quiere que los tallos de bok choy estén crujientes o que las espinacas no se ablanden por completo).

Divida la sopa entre los tazones, tratando de distribuir todos los componentes de la manera más uniforme posible. Adorne los tazones con hojas de cilantro, las hojas de cebollín reservadas y una ligera capa de semillas de sésamo. Coma de inmediato.

ARROZ Y FRIJOLES

70. Frijoles Krauty

Sirve 1 como plato principal o 2 o 3 como acompañamiento

1 cucharada de aceite de oliva
1 diente de ajo, picado en trozos grandes
½ taza de chucrut más o menos, con sus jugos
1 cucharadita de orégano seco
¼ de cucharadita de pimiento rojo molido
1 lata (15 onzas) de frijoles (cualquier frijol es excelente, pero a menudo uso cannellini o pinto), sin escurrir
1 cucharadita de tamari
Sal
Parmigiano-Reggiano recién rallado, para servir (opcional, generalmente Iliza lo hace, mientras que yo no lo hago)
Aceite de oliva virgen extra, para servir
Equipamiento Sartén mediana

En una sartén mediana, caliente el aceite a fuego medio hasta que brille. Agregue el ajo y saltee hasta que se dore por los bordes. Agregue el chucrut y revuelva, cocinándolo hasta que comience a dorarse y a dorarse en algunos lugares y gran parte del líquido se haya evaporado, aproximadamente 2 minutos. Agregue el orégano, el pimiento rojo triturado y los frijoles y aumente el fuego a medio-alto, revolviendo los frijoles con frecuencia. Agregue el tamari y continúe revolviendo y cocinando a fuego lento hasta que los frijoles se hayan espesado un poco, y cuando pasa la cuchara por la sartén, los frijoles tardan en llenar el espacio, aproximadamente 2 minutos más. Sazone los frijoles al gusto con sal.
Sirva en un tazón y cubra con queso si lo desea, y un chorrito de aceite de oliva.

71.   Frijoles y verduras rápidas para uno

Sirve 1

1 cucharada de aceite de oliva
2 dientes de ajo machacados con el filo de un cuchillo y pelados
4 onzas de verduras de hojas verdes suaves, como espinacas, acelgas, escarola o col rizada, picadas en trozos grandes (alrededor de 4 tazas sueltas) o 1 taza de espinacas congeladas
Sal y pimienta negra recién molida
1¾ tazas de frijoles cocidos, con su líquido de cocción, hechos en casa, o 1 lata (de 15 onzas) de frijoles (cualquier frijol sirve, aunque la mayoría de las veces he usado un frijol blanco como cannellini), sin escurrir
Una pizca de orégano seco
huevo frito (opcional)
El jugo de limón, la salsa de tomatillo carbonizado o la salsa picante para terminar son opcionales pero bastante agradables.
Equipo Sartén o cacerola mediana

En una sartén o cacerola mediana, calienta el aceite y el ajo a fuego medio-alto y fríelo hasta que se dore por los bordes, aproximadamente 90 segundos. Agrega las verduras y sazónalas con sal y pimienta. Saltéalos hasta que estén marchitos, otros 90 segundos más o menos. Agrega las habas y su líquido, y el orégano. Sazone nuevamente con sal y pimienta y reduzca a fuego lento, revolviendo los frijoles hasta que se hayan espesado un poco, aproximadamente 3 minutos más.
Transfiera los frijoles y las verduras a un tazón y cúbralo con un huevo frito si lo desea. Cómelo con el condimento de tu elección. Reunirse con tus amigos en un bar una vez que hayas terminado de comer es opcional, pero recomendable.

72. Frijoles Blancos Con Salchicha Y Kale

Sirve 3 o 4

2 cucharadas de aceite de oliva, y más para rociar
4 dientes de ajo machacados con el filo de un cuchillo y pelados
½ taza de chalotes o cebolla picada
Sal
8 onzas de salchicha de cerdo Cal-Italian o salchicha italiana dulce, sin envoltura
1 cucharada de vinagre de arroz
12 o más hojas de col rizada, tallos y nervaduras centrales peladas y desechadas, hojas cortadas en trozos pequeños
Una pizca de pimiento rojo triturado
3½ tazas de frijoles cocidos con su líquido de cocción, o 2 latas (de 15 onzas) de frijoles (cualquier frijol sirve, aunque con mayor frecuencia he usado un frijol blanco como cannellini), sin escurrir
¼ taza de agua
1 cucharadita de tamari
Pimienta negra recién molida
Equipo Sartén grande con tapa u horno holandés

En una sartén grande, caliente el aceite de oliva a fuego medio hasta que brille. Agregue el ajo y los chalotes. Sazone ligeramente con sal y saltee hasta que se ablanden, unos 90 segundos. Agregue la salchicha y desmenúcela con una cuchara. Aumente el fuego a medio-alto, revolviendo constantemente y sin dejar de romper la salchicha con la cuchara. Continúe cocinando hasta que la salchicha haya comenzado a dorarse un poco, otros 4 minutos más o menos. Una vez que la salchicha haya comenzado a dorarse, agregue el vinagre de arroz, poco a poco, usando la cuchara y el líquido para desglasar los trozos dorados del fondo y los bordes de la sartén.

Una vez que haya desglasado, agregue la col rizada y el pimiento rojo triturado, sazone con sal y continúe salteando y revolviendo hasta que la col rizada se ablande y se mezcle bien, unos 3 minutos más.

Agregue los frijoles y sus jugos, el agua, el tamari y algunos giros de pimienta negra y revuelva todo junto. Llévalo todo a fuego lento. luego reduzca el fuego a medio-bajo, cubra y continúe cocinando a fuego lento durante unos 5 minutos. Destape y verifique: si se ha vuelto demasiado espeso y almidonado, agregue otro chorrito de agua; desea que tenga un poco de caldo espeso. Pruébalo para sazonar, ajustando según sea necesario con sal y pimienta negra.

Sírvelo en tazones y sírvelo inmediatamente, cubierto con un chorrito de aceite de oliva.

73. Tazón De Frijoles Con Champiñones Y Espinacas

Hace 2 tazones

3½ tazas de frijoles cocidos y su líquido de cocción, o 2 latas (15 onzas) de frijoles, sin escurrir
2 cucharadas de mantequilla sin sal
2 ramitas de romero fresco
1½ cucharadas de tamari
8 onzas de champiñones mixtos desgarrados, o cualquier hongo que te guste (asegurándote de quitar los tallos duros, como los de los shiitakes)
1 cucharada de aceite de oliva, y más para rociar
3 cucharadas de chalotes o cebollas finamente picadas
1 manojo (alrededor de 6 onzas) de espinacas, lavadas y relativamente secas
¼ de cucharadita de pimiento rojo molido
Sal
Un huevo escalfado o frito, para servir
½ limón
Parmesano o cualquier queso añejo fuerte que te guste
Equipo Cacerola, sartén o sartén tapada

Si usa frijoles recién cocidos, pruebe los frijoles para sazonar y manténgalos calientes. Para los frijoles enlatados o si usa frijoles caseros sobrantes, vuelva a calentarlos suavemente en una cacerola tapada en la estufa, luego pruébelos para sazonar y manténgalos calientes.

En una sartén o sartén, derrita la mantequilla a fuego medio, luego agregue las ramitas de romero y déjelas tostar durante unos 30 segundos. Agregue el tamari y revuelva para combinar, luego agregue los champiñones y saltee, revolviendo ocasionalmente, hasta que estén completamente cocidos y tiernos, aproximadamente 8 minutos (dependiendo de los tipos de champiñones que esté usando). Deseche los tallos de romero, dejando atrás las hojas que se hayan caído.

Cuando los champiñones estén casi terminados de cocinarse, vierte los frijoles calientes en los tazones. Luego, una vez que los champiñones estén listos, divídalos entre los tazones, colocándolos justo encima de los frijoles. Se recomienda que cualquier líquido adicional permanezca en la sartén.

Regrese la sartén a la estufa y agregue el aceite de oliva y los chalotes y saltee durante aproximadamente 1 minuto hasta que se marchiten. Aumente el fuego a alto, espere 30 segundos, luego agregue las espinacas y el pimiento rojo triturado a la sartén. Sazone ligeramente con sal y revuelva constantemente hasta que la espinaca esté marchita pero no blanda, alrededor de un minuto. Coloque con una cuchara o vierta las espinacas junto a los champiñones, divididas entre los dos tazones.

Si está usando un huevo frito o escalfado, colóquelo ahora también encima del tazón.

Exprima un poco de jugo de limón sobre cada tazón (teniendo cuidado con las semillas). Cubra con queso rallado y finalmente un chorrito de aceite de oliva. Coma inmediatamente.

74. Lentejas Pomodoro con Espinacas y Frijoles

Sirve 1 o 2

1 cucharada de aceite de oliva
3 dientes de ajo, en rodajas finas o picados
Sal
¼ de cucharadita de orégano seco
¼ de cucharadita de albahaca seca
Una pizca de pimiento rojo triturado
6 onzas de hojas de espinaca (alrededor de 4 tazas, bien empaquetadas)
Pimienta negra recién molida
1¾ tazas de frijoles cocidos, con su líquido de cocción, o 1 lata (15 onzas) de frijoles (cannellini o cualquier frijol blanco funciona muy bien), sin escurrir
½ taza de lentejas rojas, enjuagadas, cocinadas hasta que estén blandas y escurridas
1 lata (28 onzas) de tomates enteros pelados
Queso Parmigiano-Reggiano rallado, para servir (opcional)
Aceite de oliva virgen extra, para servir
Equipamiento Olla o cacerola mediana con tapa

En una olla o cacerola mediana, caliente el aceite a fuego medio hasta que brille. Añadir el ajo y una pizca de sal. Revuelva el ajo y cuando haya comenzado a dorarse por los bordes, agregue el orégano, la albahaca y el pimiento rojo triturado y déjelos tostar durante 30 segundos. Agregue la espinaca, sazone con sal y pimienta negra, y cocine hasta que se ablande, aproximadamente 1 minuto. Agrega los frijoles, junto con sus jugos, sazónalos con sal y pimienta negra, y revuélvelos hasta que estén hirviendo a fuego lento y el líquido se haya espesado, aproximadamente 2 minutos.

Agregue las lentejas rojas cocidas y escurridas y revuélvalas para combinar. Permita que vuelvan a hervir a fuego lento. Mientras tanto, vierte los tomates enlatados y sus jugos en un bol y tritúralos a mano hasta que tengan una textura rústica y gruesa. Agregue los tomates y sus jugos a la olla y sazone nuevamente con un poco de sal y pimienta.

Lleve el pomodoro a fuego lento, luego cubra la sartén y reduzca el fuego a bajo. Deje que hierva a fuego lento durante 5 minutos, luego retírelo del fuego, pruébelo para sazonar y ajústelo según sea necesario.

Sirva el pomodoro en tazones y cubra con queso si lo desea (a menudo no lo hago) y una llovizna de aceite de oliva virgen extra.

75. Arroz, verduras tibias y queso cheddar blanco marchito

Sirve 2

3 cucharadas de mantequilla sin sal, a temperatura ambiente
1 diente de ajo, finamente rallado o picado
1 cucharada de cebollín fresco finamente picado
Sal
4 tazas de vegetales verdes variados cortados, picados en trozos de ½ pulgada más o menos
2 tazas de arroz cocido (prefiero arroz japonés de grano corto), mantenido caliente
1½ onzas de queso cheddar blanco añejo o cualquier queso picante de su elección, rallado en tiras finas (no triturado previamente)
1 limón, cortado a la mitad
Pimienta negra recién molida
1 huevo cocido (bastante opcional; esta página)
Equipo Una forma de cocinar arroz, una olla grande (al menos 4 cuartos) para blanquear las verduras, un tazón grande y un colador.

Llena una olla grande con agua y ponla a fuego alto.
Mientras tanto, coloque la mantequilla en el fondo de un tazón grande. Si la mantequilla está fría, simplemente puede calentarla en el microondas para derretirla y luego verterla en el recipiente, o usar el método de "crédito extra" que se indica a continuación. Agregue el ajo y las cebolletas a la mantequilla y reserve.
Crédito extra: si es posible, recomiendo colocar la mantequilla, el ajo y las cebolletas en un recipiente de metal que quepa encima de la olla que está usando para hervir agua para las verduras. Coloque el recipiente allí, como una caldera doble, y deje que el calor derrita la mantequilla mientras el agua hierve. Esto marchitará el ajo y las cebolletas e infundirá el sabor más a fondo con la mantequilla. Una vez que el agua esté hirviendo, puede quitar el tazón y dejarlo a un lado, solo tenga cuidado porque el tazón estará caliente.
Una vez que el agua esté hirviendo, salala agresivamente; debe estar bastante salada, como el mar. Agregue todas las verduras verdes y hiérvalas hasta que les quede algo de mordisco,

aproximadamente 90 segundos (si está usando guisantes grandes y frescos, es posible que desee cocinarlos durante unos 60 segundos más). Escúrrelos en un colador e inmediatamente (una vez que se haya escurrido el agua) échalos en el bol encima de la mantequilla, el ajo y el cebollino. Déjalos allí durante al menos 30 segundos, permitiendo que el calor residual derrita la mantequilla.

Mientras tanto, divida el arroz cocido en tazones, cuanto más anchos y planos, mejor. Coloque las finas tiras de queso cheddar sobre la parte superior del arroz en una sola capa.

Exprima la mitad de un limón sobre las verduras (teniendo cuidado de atrapar las semillas y desecharlas). Mezcle bien la mezcla de verduras para combinar, asegurándose de atrapar toda la mantequilla en el fondo. Pruébelo para sazonar y agregue más sal y limón según sea necesario, así como algunos giros de pimienta negra.

Si usa un huevo cocido, puede cortarlo por la mitad a lo largo y colocar la mitad en el centro de cada tazón, encima del arroz y el queso cheddar.

Coloque las verduras sobre el arroz, rodeando el huevo si lo usa, cubriendo completamente todo el arroz y el queso cheddar blanco. Cómelo inmediatamente.

76. Arroz Verde y Frijoles Negros

Sirve de 4 a 6

Arroz Verde
3 cucharadas de Ghee o aceite neutro, como vegetal, canola o semilla de uva
1½ tazas de arroz de grano largo, bien enjuagado
4 cebolletas, picadas en trozos grandes
1 diente de ajo, pelado
1 chile poblano o Anaheim, sin tallo y sin semillas, picado en trozos grandes
1 manojo de cilantro fresco, hojas y tallos tiernos (se puede sustituir por perejil)
2¼ tazas de agua
Sal
Frijoles negros
1 cucharada de aceite neutro, como vegetal, canola o semilla de uva
2 cucharadas de cebolla blanca finamente picada
3½ tazas de frijoles negros cocidos, caseros o de 2 latas (15 onzas) de frijoles negros
Sal
Para servir
Salsa de tomate asado o salsa picante
Queso finamente rallado, como cheddar, Monterey Jack o Gouda ahumado, para servir
Equipo Olla de fondo grueso o un horno holandés (o puede usar una olla arrocera) y una sartén mediana o una sartén para saltear

Prepara el arroz verde: en una olla de fondo grueso con tapa, como un horno holandés, calienta el ghee a fuego medio-alto. Agregue el arroz y tueste, revolviéndolo con frecuencia, hasta que esté aromático y comience a adquirir un tono marrón pálido, de 2 a 3 minutos.
Mientras tanto, en una licuadora, combine las cebolletas, el ajo, el chile, el cilantro y el agua y mezcle bien.

Una vez que el arroz esté tostado, agregue la mezcla de la licuadora y una buena pizca de sal a la olla y revuelva. Lleve la mezcla a fuego lento, luego cubra la olla, reduzca el fuego a bajo y cocine hasta que el líquido se absorba, aproximadamente 12 minutos. Apaga el fuego y deja la olla tapada por 10 minutos.

Mientras tanto, prepara los frijoles: en una sartén mediana o saltea, calienta el aceite a fuego medio-alto. Agrega la cebolla picada y fríela, revolviendo ocasionalmente, hasta que se ablande pero no se dore, aproximadamente 90 segundos. Agregue los frijoles y su líquido de cocción. Llévelos a fuego lento y revuelva con frecuencia hasta que los frijoles estén un poco más gruesos, otros 90 segundos más o menos. Retire los frijoles del fuego. Pruebe y agregue más sal según sea necesario.

Una vez que el arroz haya reposado, revuélvelo y sazónalo al gusto con sal.

Sirva el arroz y los frijoles junto con la salsa o salsa picante de su elección y tal vez un poco de queso rallado.

Nota Para hacer el arroz verde en una olla arrocera, omita el paso de tostar el arroz y mezcle las cebolletas, el ajo, el chile, el cilantro y el agua como se indica, pero reduzca el agua a 2 tazas. Agregue la mezcla a su olla arrocera junto con el arroz, 2 cucharadas de ghee o aceite neutro y una pizca de sal saludable. Revuelva la mezcla y luego encienda la olla arrocera. Una vez que el arroz esté cocido, esponja el arroz verde y sazónalo al gusto con sal.

77. Arroz frito con sobras de verduras

Sirve de 4 a 6

2 cucharadas de aceite de alta temperatura (cualquiera que te guste, como semilla de uva, maní o vegetal)
2 huevos grandes, ligeramente batidos
4 dientes de ajo, picados (o cualquier allium cortado en cubitos que tenga a mano)
1 cucharada de jengibre fresco rallado o finamente picado
1½ tazas de trozos de vegetales variados cortados en cubitos, como brócoli y tallos de coliflor, guisantes congelados, maíz, zanahorias, judías verdes, etc.
Restos de carne sobrantes opcionales, como bistec, cerdo, camarones o pollo
Sal
2 tazas de arroz cocido (ya sea recién cocido o sobrante)
½ cucharada de tamari o salsa de soya
Pimienta negra recién molida
Chorrito de salsa de pescado (opcional)
Guarniciones opcionales: salsa de pescado, tamari, vinagre de arroz, aceite de chile o aceite de sésamo, cebollín o cebollín finamente picado
Equipo Wok o sartén antiadherente grande

En un wok o sartén antiadherente grande, caliente el aceite a fuego alto hasta que brille. Agrega los huevos. Me gusta inclinar el huevo en la sartén y luego pasar mi espátula de silicona resistente al calor o una cuchara a través de ellos para crear hebras largas y delgadas, y repetir esto hasta que apenas estén firmes. Luego use el borde de una cuchara o una espátula resistente al calor para romperlos en pedazos pequeños. Agregue el ajo, el jengibre y una variedad de verduras (si está agregando algunos trozos de carne cortados en cubitos, también se pueden agregar aquí). Sazone con una pizca de sal y revuelva con frecuencia hasta que las verduras estén tiernas y bien cocidas, con un poco de sabor, de 2 a 3 minutos. Mezcle los ingredientes, continúe rompiendo el huevo y continúe revolviendo.

Se puede añadir un chorrito de aceite si hace falta, pero me gusta intentar evitarlo en lo posible, para evitar que el arroz se ponga demasiado grasoso. Si usa arroz sobrante refrigerado, rómpalo con los dedos para que no se aglomere.

Agregue el arroz y el tamari y revuelva todo bien, permitiendo que se absorba y combine. Sazone al gusto con sal y pimienta negra (me gusta un poco picante) y tal vez un poco de salsa de pescado si así lo desea.

Transfiere el arroz frito a tazones y cómelo de inmediato, sazonándolo como desees con cosas como salsa de pescado, vinagre de arroz, tamari, aceite de chile y cebollín.

78. Tofu Mapo Vegano

Sirve 2 o 3

1 onza de champiñones secos, como shiitake
2 cucharadas de pasta de miso rojo (o el miso que tengas)
4 cebolletas
4 dientes de ajo, picados
1½ cucharadas de jengibre fresco picado
Sal
¼ taza de aceite de chile o aceite de sésamo para reducir el calor
1 cucharadita de shichimi o ½ cucharadita de chile de árbol seco molido, ichimi o pimiento rojo molido
1¾ tazas de dashi vegano; ver nota
1 libra de tofu (idealmente sedoso), cortado en cubos de ½ pulgada más o menos
1 cucharadita de maicena o fécula de patata, disuelta en 1 cucharada de agua
Arroz blanco cocido (idealmente de grano corto), para servir
Equipo Sartén grande antiadherente o wok

Coloca los champiñones secos en un bol y cúbrelos bien con agua caliente. Déjelos reposar hasta que estén completamente blandos y rehidratados, al menos 10 minutos.

En un tazón mediano, combine la pasta de miso con 2 cucharadas del líquido de remojo de champiñones y revuélvalo para combinar completamente (esto ayudará a evitar que la pasta de miso se aglomere en la salsa).

Corte en rodajas finas las tapas de las cebolletas de color verde oscuro y déjelas a un lado. Luego, pique finamente las partes blanca y verde claro y agréguelas al tazón con el miso. Agregue el ajo y el jengibre al tazón.

Escurra los champiñones rehidratados y córtelos muy finamente, luego agréguelos a la mezcla de miso y revuelva para combinar. Sazone la mezcla con una pizca de sal.

En una sartén grande o wok, caliente el aceite de chile a fuego alto hasta que brille. Agrega con cuidado la mezcla de miso y fríela, revolviendo con frecuencia, hasta que esté fragante pero no quemada, aproximadamente 90 segundos. Agregue el shichimi y revuélvalo brevemente con la mezcla de miso, luego agregue la mezcla de dashi, tofu y almidón de maíz. Reduzca el fuego a medio-alto y continúe cocinando a fuego lento el mapo tofu, revolviendo ocasionalmente, hasta que espese un poco pero aún esté líquido, aproximadamente 5 minutos. Agrega la mitad de las tapas de las cebolletas verdes y revuélvelas.

Sazone el mapo tofu al gusto con sal y sírvalo sobre arroz blanco cocido, cubierto con más rodajas de cebollín.

Nota Si lo desea, guarde los hongos secos rehidratados sobrantes que se usaron para hacer el dashi vegano y agréguelos a los otros hongos que se están remojando, para obtener un toque extra de umami.

CASI TOTALMENTE PROTEÍNAS

79. Migas de pan Panko con hierbas

Hace alrededor de 4 tazas

2 dientes de ajo, picados en trozos grandes
2 tazas de hojas de perejil de hoja plana toscamente cortadas (de aproximadamente 1 manojo de perejil)
8 onzas de migas de pan panko (idealmente sin azúcar)
Pimienta negra recién molida
Sal
Equipo Procesador de alimentos

En un procesador de alimentos, combine el ajo y el perejil y tritúrelos, raspando ocasionalmente los lados del tazón, hasta que tenga una mezcla finamente picada sin que queden grandes trozos de ajo. Agregue el panko y varios giros de pimienta negra. Pulse la mezcla hasta que tenga una mezcla de pan rallado de color verde brillante, grueso y que se desmorona. Pruébelo para sazonar y agregue sal según sea necesario; debería estar a punto de saber demasiado salado. Use las migas de pan con hierbas inmediatamente o transfiéralas a un recipiente hermético y congélelas. Estas migas de pan se congelan muy bien.
Nota Si no tienes un procesador de alimentos pero aún quieres hacerlos, pica el perejil y el ajo lo más fino que puedas. Luego revuélvelos en un tazón grande con el panko y sal y pimienta al gusto, triturándolos un poco con las manos mientras revuelves hasta que todo esté combinado.

80. mozzarella marinara

Para 4 personas

8 onzas de queso mozzarella bajo en humedad (idealmente en un tronco cuadrado)
½ taza de harina para todo uso, y más si es necesario
2 huevos grandes
¾ taza de migas de pan Panko con hierbas, y más si es necesario
Aceite neutro, para freír
Aproximadamente 1¼ tazas de salsa de tomate básica o salsa de tomate de Iliza, calentada
Queso parmesano recién rallado, para servir
Unas hojas de albahaca fresca picada o perejil (opcional), para decorar
Equipo Rejilla de alambre, bandeja para hojas y una sartén de fondo grueso

Corta la mozzarella en 4 rebanadas cuadradas de un grosor uniforme.
Instale una estación de empanado: alinee tres platos anchos uno al lado del otro. Coloque la harina en el primer plato, bata suavemente los huevos en el segundo y coloque el panko de hierbas en el tercero. Coloque una rejilla de alambre en una bandeja para hornear.
Usando el método de manos mojadas/manos secas (básicamente, solo mantenga una mano seca y solo toque las cosas mojadas con la "mano mojada"), pase la primera rebanada de mozzarella por harina para que quede completamente cubierta. Sacuda el exceso de harina y luego sumerja ambos lados en el huevo para que también quede cubierto y deje que el exceso se escurra. Finalmente, pásalo por el panko con hierbas y colócalo sobre la rejilla. Repita para las 4 piezas, agregando más harina, huevo o panko a los platos según sea necesario.
Mantenga la mozzarella empanada sin tapar en el refrigerador hasta que esté listo para freír.

Vierta ¼ de pulgada de aceite en una sartén de fondo grueso y colóquela a fuego medio-alto. Si tiene un termómetro para freír, está buscando una temperatura de 350 °F, pero la verdad es que nunca uso uno. La regla básica es que quieres que el queso chisporrotee cuando golpee la sartén, pero no que se queme. Usted está buscando sonidos chisporroteantes constantes. Si no chisporrotea, sube el fuego, y si se quema, bájalo. El objetivo es lograr una corteza de color marrón dorado sin ennegrecimiento ni empapado.

Cubra un plato con una toalla de cocina o toallas de papel y colóquelo cerca de la estufa. Comience a colocar la primera pieza en la sartén. Si no chisporrotea inmediatamente, sácalo y espera a que la sartén se caliente más. Cocine la mozzarella en lotes si es necesario; esto podría significar dos, tres o los cuatro a la vez, según el tamaño de su sartén. Déjalo freír hasta que esté dorado por el primer lado, generalmente de 2 a 3 minutos. Luego voltéelo suavemente con cuidado de no salpicar el aceite. Si hay manchas en el lado dorado que no adquirieron el color deseado, puede colocar el aceite caliente sobre ellas con movimientos repetidos mientras se fríe el otro lado. A medida que cada pieza se dore por el otro lado, retírela y colóquela en el plato forrado con una toalla. Si cocina más lotes,

El queso derretido es mejor si se sirve casi inmediatamente después de freírlo. Sirva un poco de salsa caliente en un plato y coloque la mozzarella encima. Termine con queso rallado y una pizca de hierbas frescas si así lo desea. Cómelo inmediatamente.

81. Filete de lenguado

Hace 4 filetes

4 filetes de lenguado sin piel (5 a 6 onzas cada uno)
½ taza de harina para todo uso, y más si es necesario
2 huevos grandes
1 taza de migas de pan Panko con hierbas, y más si es necesario
Aceite neutro, para freír
1 limón, en cuartos, para servir
Equipo Rejilla de alambre, bandeja para hojas y una sartén de fondo grueso

Instale una estación de empanado: alinee tres platos uno al lado del otro. Coloque la harina en el primer plato, bata los huevos suavemente en el segundo y coloque el panko de hierbas en el tercero.
Coloque una rejilla en una bandeja para hornear. Seque los filetes de pescado. Usando el método de mano mojada/mano seca (básicamente, solo mantenga una mano seca y solo toque las cosas mojadas con la "mano mojada"), pase el primer filete por harina para que quede completamente cubierto. Sacuda el exceso de harina y luego sumerja ambos lados en el huevo para que también quede cubierto y deje que el exceso se escurra. Finalmente, pásalo por el panko con hierbas y colócalo sobre la rejilla. Repita esto con los otros filetes, agregando más harina, huevo o panko a los platos según sea necesario.
Mantenga los filetes descubiertos en el refrigerador hasta que esté listo para freír.
Cubra un plato con una toalla de cocina o toallas de papel y colóquelo cerca de la estufa. Vierta ¼ de pulgada de aceite en una sartén de fondo grueso y colóquela a fuego medio-alto. Si tiene un termómetro para freír, está buscando una temperatura de 350 °F, pero la verdad es que nunca uso uno. La regla básica es que quieres que los filetes chisporroteen cuando lleguen a la sartén pero que no se quemen. Usted está buscando sonidos chisporroteantes constantes. Si no chisporrotean, suba el fuego, y si se están

quemando, bájelo. El objetivo es lograr una corteza de color marrón dorado sin ennegrecimiento ni empapado.

Coloque su primer filete en la sartén. Si no chisporrotea inmediatamente, sácalo y espera a que la sartén se caliente más. Cocine los filetes en lotes; esto podría significar uno o dos a la vez, según el tamaño de su sartén. Déjalo freír hasta que esté dorado por el primer lado, generalmente de 2 a 3 minutos. Luego voltéelo suavemente con cuidado de no salpicar el aceite. Si hay manchas en el lado dorado que no adquirieron el color deseado, puede colocar el aceite caliente sobre ellas con movimientos repetidos mientras se fríe el otro lado. Una vez que el filete se dore y el pescado esté bien cocido, coloque el filete en el plato forrado con una toalla. Está buscando una temperatura interna de aproximadamente 145 °F, pero si el filete no es demasiado grueso, el pescado estará cocinado cuando ambos lados estén dorados.

Repita para los filetes restantes, asegurándose de que su aceite esté nuevamente a la temperatura correcta (las migas de pan deben chisporrotear cuando tocan el aceite) antes de agregar el siguiente pescado y agregar más aceite según sea necesario.

Una vez cocidos, sírvelos inmediatamente con limones para exprimir.

82. Milanesa de Pollo

Rinde 4 chuletas de pollo.

4 pechugas de pollo deshuesadas y sin piel (también puedes usar muslos deshuesados y sin piel, pero creo que las pechugas son preferibles para este plato)
¾ taza de harina para todo uso, y más si es necesario
2 huevos grandes, más otro si es necesario
1¼ tazas de migas de pan Panko con hierbas, y más si es necesario
Aceite neutro, para freír
1 limón, en cuartos, para servir
Equipo Envoltura de plástico o una bolsa de plástico grande con cierre hermético, rejilla de alambre, bandeja para hornear y una sartén de fondo grueso

Seque las pechugas de pollo y luego coloque una en su tabla de cortar. El objetivo aquí es tomar la pechuga redondeada de grosor desigual y convertirla en algo que tenga un grosor bastante uniforme (esto hará que la cocción y la fritura sean uniformes). Coloque la mano plana contra la parte superior de la pechuga y luego sostenga el cuchillo de cocina afilado paralelo a ella y a la tabla de cortar. Está buscando deslizar su cuchillo en el centro de la parte más gruesa y luego deslizarlo hacia el otro lado, deteniéndose aproximadamente a ½ pulgada del otro borde. Luego puedes sacar tu cuchillo y abrir la pechuga de pollo como un libro. Ahora debería ser una pechuga de pollo grande, delgada y ancha. Repita este proceso con los otros senos.
A continuación, para que quede realmente uniforme, coloque una pechuga entre dos láminas de plástico o dentro de una bolsa grande con cierre hermético. Use un mazo para carne, una botella de vino o un rodillo para machacar la carne (sin demasiada fuerza) hasta que tenga un grosor aún más uniforme. Una vez que haya terminado, deje la pechuga a un lado y repítalo con los demás.
Instale una estación de empanado: alinee tres platos anchos uno al lado del otro. Coloque la harina en el primer plato, bata

suavemente los huevos en el segundo y coloque el panko de hierbas en el tercero.

Coloque una rejilla dentro de una bandeja para hornear. Usando el método de mano mojada/mano seca (básicamente, solo mantenga una mano seca y solo toque las cosas mojadas con la "mano mojada"), pase la primera pieza de pollo por la harina para que quede completamente cubierta. Sacuda el exceso de harina y luego sumerja ambos lados en el huevo para que también quede cubierto y deje que el exceso se escurra. Finalmente, pásalo por el panko con hierbas y colócalo sobre la rejilla. Repita esto con las otras piezas, agregando más harina, huevo o panko a los platos según sea necesario.

Mantenga las chuletas empanadas descubiertas en el refrigerador hasta que esté listo para freír.

Cubra un plato con una toalla de cocina o toallas de papel y colóquelo cerca de la estufa. Vierta ¼ de pulgada de aceite en una sartén de fondo grueso y colóquela a fuego medio-alto. Si tiene un termómetro para freír, está buscando una temperatura de 350 °F, pero la verdad es que nunca uso uno. La regla básica es que quieres que el pollo chisporrotee cuando golpee la sartén pero que no se queme. Usted está buscando sonidos chisporroteantes constantes. Si no chisporrotea, sube el fuego, y si está quemando, bájalo. El objetivo es lograr una corteza de color marrón dorado sin ennegrecimiento ni empapado.

Coloque una de las chuletas de pollo en la sartén. Si no chisporrotea inmediatamente, sácalo y espera a que la sartén se caliente más. Cocine el pollo en lotes; esto podría significar uno o dos a la vez, según el tamaño de su sartén. Déjalo freír hasta que esté dorado por el primer lado, unos 4 minutos. Luego voltéelo suavemente con cuidado de no salpicar el aceite. Si hay manchas en el lado dorado que no adquirieron el color deseado, puede colocar el aceite caliente sobre ellas con movimientos repetidos mientras se fríe el otro lado. Una vez que la chuleta esté dorada y el pollo esté bien cocido, retire la pieza y colóquela en el plato forrado con una toalla. Está buscando una temperatura interna de aproximadamente

150 °F, pero el pollo machacado en una chuleta delgada generalmente se cocina cuando ambos lados están dorados.

Repita esto con las otras piezas, asegurándose de que su aceite esté nuevamente a la temperatura correcta (las migas de pan deben chisporrotear cuando tocan el aceite) antes de agregar la siguiente pieza de pollo y agregue más aceite según sea necesario.

Una vez cocidos, sírvelos inmediatamente con limones para exprimir.

83.   pollo parmesano

Para 4 personas

Milanesa de Pollo
2 tazas de Salsa de Tomate Básica o Salsa de Tomate de Iliza, calentada, más 1½ tazas para servir con la pasta
8 onzas de queso mozzarella (fresco o con poca humedad están bien), en rodajas finas
Queso parmesano recién rallado
hojas de albahaca fresca (opcional)
8 onzas de pasta seca (la forma que elijas), cocida
Equipo Sartén y parrilla

Precaliente el asador (o si no tiene un asador, ajuste su horno a la temperatura más alta posible; es posible que no pueda lograr que el queso se dore, pero se derretirá). Cubra una bandeja para hornear con papel de aluminio. Si tiene una rejilla, colóquela en la sartén. Será un poco más fácil de manejar si tiene la parrilla, pero no es esencial.
Coloque las piezas de pollo en la rejilla de alambre o directamente en la bandeja para hornear forrada. Cubra cada pechuga de pollo con una cucharada de salsa de tomate, luego coloque las rebanadas de mozzarella sobre el pollo y cubra todo con un poco de queso parmesano rallado. Transfiera al horno y cocine hasta que el queso se derrita y se dore a su gusto, vigilando el pollo para que no se queme. Si los bordes comienzan a quemarse, retire el pollo y sírvalo (el pollo quemado es malo, sin importar qué tan dorado se ponga el queso).
Sirva inmediatamente, en un plato sobre unas cucharadas de salsa de tomate caliente y una guarnición de su pasta preferida con su salsa de tomate preferida.

84. Albóndigas De Pavo

Rinde de 10 a 12 albóndigas

1 libra de pavo molido
⅓ taza de migas de pan panko o migas de pan secas
2 dientes de ajo, rallados o picados
3 cucharadas de cebolla o chalota picada
Alrededor de ½ onza de queso Parmigiano-Reggiano, rallado (alrededor de ½ taza si se ralla en un Microplane fino; o ¼ de taza en un rallador convencional)
3 cucharadas de perejil fresco finamente picado o ½ taza de hojas de albahaca fresca, cortadas en trozos grandes
¼ de cucharadita de orégano seco
Una pizca de pimiento rojo triturado
¼ de cucharadita de pimienta negra recién molida
1 huevo grande
Sal
Aceite neutro, como el de semilla de uva, vegetal o canola (o si eres mi mamá, aceite de oliva)
Equipo Sartén pesada, molde para muffins o bandeja para hornear y un termómetro para carnes

Coloque el pavo molido en un tazón grande. Agregue casi todo el pan rallado al tazón (ajustará esto más adelante, según la sensación de la mezcla). Agregue el ajo, la cebolla, el queso parmesano, las hierbas frescas, el orégano seco, el pimiento rojo triturado, la pimienta negra y el huevo. Agregue una pizca saludable de sal y luego mezcle la mezcla, asegurándose de mantener todo ligero y aireado, combinando completamente todos los ingredientes sin compactarlo y hacerlo denso. Desea tener un toque ligero, pero también asegúrese de que esté bien mezclado.

Pellizque una bola de ½ pulgada de la mezcla de carne y aplástela hasta formar una hamburguesa suelta. Una vez que el aceite esté caliente, coloque la hamburguesa en el aceite y déjela freír hasta que esté dorada, luego déle la vuelta y dore el otro lado. Una vez que ambos lados estén dorados, apague el fuego y retire la hamburguesa, deje que se enfríe brevemente. Pruébalo para sazonar. Si necesita más sal o pimienta, agregue más a la mezcla de pavo y dóblela. Si la hamburguesa se desmorona en la sartén, es posible que desee agregar una cucharadita más de pan rallado.

Cubra la mezcla de albóndigas y manténgala refrigerada hasta que esté listo para cocinarla. (Creo que son mejores cuando han tenido la oportunidad de reposar durante al menos 30 minutos, pero también puedes cocinarlos de inmediato o guardarlos en el refrigerador por un día).

Cuando sea el momento de cocinar, use manos delicadas para dar forma a las albóndigas: tome un poco de la mezcla y gírela entre sus palmas; está buscando una albóndiga de aproximadamente 2 pulgadas de ancho, o un poco más grande que una pelota de golf. Deben sentirse sueltos pero también capaces de mantener su forma. No se preocupe si hay grandes trozos de hierbas que se derraman, las encuentro bastante hermosas.

Método de freír Calienta la sartén a fuego medio-alto y agrega suficiente aceite para cubrir el fondo de la sartén con bastante comodidad. Sabrás que el aceite está lo suficientemente caliente si lo colocas en una albóndiga y chisporrotea inmediatamente. Trabajando en lotes si es necesario (para evitar abarrotar la sartén), coloque las albóndigas en la sartén con algo de espacio alrededor de cada una. Si las albóndigas comienzan a ennegrecerse, reduzca el fuego. Si no están chisporroteando, aumente el fuego. Si el nivel de aceite es demasiado bajo, simplemente agregue un poco más y vigile la temperatura.

Una vez que una albóndiga se haya dorado, use pinzas para darle la vuelta al otro lado. Continúe girando las albóndigas según sea necesario, o agitando la sartén para enrollarlas si así lo desea. Es posible que descubra que sus albóndigas se aplanan un poco mientras se fríen y se convierten más en cuñas triangulares gruesas; afortunadamente, las formas extrañas sabrán tan bien como las esferas perfectas.

Continúe cocinando hasta que estén bien cocidos e, idealmente, dorados. El centro de las albóndigas debe registrar una temperatura de 150 °F para carne de pechuga o de 165 °F para carne oscura.

Una vez que cada albóndiga esté lista, retírela de la sartén y colóquela sobre una rejilla o un plato forrado con toallas de papel. Deje que se enfríen brevemente antes de comer.

Método del horno Precaliente el horno a 450°F. Engrase ligeramente un molde para panecillos o forre una bandeja para hornear con pergamino.

Acomode las albóndigas en moldes para muffins individuales o espaciadas uniformemente en la bandeja para hornear. Asar las albóndigas durante 7 minutos. Voltéelos para dorar el otro lado y continúe asando hasta que registren 150 °F para pechuga o 165 °F para carne oscura, de 5 a 10 minutos más.

Deje que las albóndigas se enfríen brevemente antes de servir.

85. Pollo asado con miso y verduras en una sartén

Sirve 3 o 4

½ taza de pasta de miso rojo (o cualquier miso servirá)
3 cucharadas de aceite de oliva
1 cucharada de tamari
1 cucharada de vinagre de vino tinto
2 dientes de ajo, rallados
1 cucharadita de jengibre fresco rallado
1 pollo entero (idealmente menos de 4 libras)
1 batata grande (alrededor de 12 onzas), cortada en trozos de ½ pulgada
1 cebolla pequeña, picada gruesa
12 onzas de floretes de coliflor, partidos en trozos pequeños
Sal
Equipo Tijeras para aves (opcional), bandeja para horno, termómetro para carne

En un tazón grande combine el miso, 2 cucharadas de aceite de oliva, el tamari, el vinagre, el ajo y el jengibre y mezcle hasta obtener una pasta combinada.

Seca el pollo con una toalla y luego espárcelo: las tijeras para aves son el método más fácil, pero también puedes hacerlo con un buen cuchillo afilado. Coloca el pollo con la pechuga hacia abajo sobre una tabla de cortar. Ubique la columna vertebral y use tijeras o su cuchillo para cortar a lo largo de ambos lados de la columna simplemente cortando la carne justo al lado del borde duro de la columna vertebral. Retire la columna vertebral y guárdela para cosas como caldo de pollo. Voltea el pollo y colócalo de modo que sus patas queden planas y la pechuga quede hacia arriba. Presiona la pechuga con la palma de la mano; deberías escuchar un pequeño crujido en los huesos, lo que permite que el pollo quede plano sobre la tabla.

Saque aproximadamente la mitad de la mezcla de miso y úntela sobre el exterior del pollo, poniendo más fuerza en las pechugas y las piernas que en la espalda, asegurándose de cubrir todas las grietas entre las piernas y la pechuga. Cubra una bandeja para hornear con papel de aluminio y coloque el pollo con la pechuga hacia arriba en la bandeja. Meta las alas hacia atrás para evitar que se quemen.

Agregue las verduras picadas al tazón con el resto de la mezcla de miso. Agregue la cucharada de aceite restante y sazone la mezcla ligeramente con sal. Mézclalo bien para combinarlo. Esparce las verduras en una capa uniforme sobre la bandeja, alrededor del pollo.

Si eres reacio a la sal, deja el pollo como está. Si te gustan las cosas un poco más saladas, una pizca de sal también es buena. Puedes asar el pollo de inmediato o dejarlo descubierto en el refrigerador hasta por 36 horas más o menos.

Cuando esté listo para cocinar, coloque una rejilla en el centro del horno y precaliente el horno a 425 °F.

Transfiera la bandeja al horno y ase hasta que un termómetro para carne insertado en la parte más gruesa de la pechuga registre 150 °F, y la parte más gruesa del muslo registre 165 °F. Si encuentra que el pollo comienza a arder pero el interior no está cocido, puede cubrirlo con una hoja de papel de aluminio por un momento. Solo recuerde quitarlo nuevamente durante los últimos minutos para evitar que el vapor atrapado haga que la piel se empape especialmente. El tiempo de cocción puede variar mucho según el tamaño del pollo, pero 45 minutos es un buen indicador aproximado.

Permita que el pollo descanse durante al menos 10 minutos. Córtalo en pedazos o cómelo con las manos mientras estás parado frente a la estufa, como solemos hacer Iliza y yo.

86. Pollo Asado Crujiente Con Mantequilla De Chile Y Cebolleta

hace 1 pollo

1 pollo entero (idealmente menos de 4 libras)
Sal kosher
7 chiles de árbol o cualquier chile rojo seco pequeño que te guste, sin tallo, o 1 cucharada de pimiento rojo triturado
4 cebolletas, picadas en trozos grandes
3 dientes de ajo, picados en trozos grandes
1 barra (4 onzas) de mantequilla sin sal, a temperatura ambiente
¼ de cucharadita de levadura en polvo
¼ taza de jugo de limón fresco
5 cucharadas de agua
Equipo Tijeras para aves (opcional), bandeja para hornear, rejilla, procesador de alimentos (o la voluntad de picar cosas muy finas a mano) y un termómetro para carne

Seca el pollo con una toalla y luego espárcelo: las tijeras para aves son el método más fácil, pero también puedes hacerlo con un buen cuchillo afilado. Coloca el pollo con la pechuga hacia abajo sobre una tabla de cortar. Ubique la columna vertebral y use tijeras o su cuchillo para cortar a lo largo de ambos lados de la columna simplemente cortando la carne justo al lado del borde duro de la columna vertebral. Retire la columna vertebral y guárdela para cosas como caldo de pollo. Voltea el pollo y colócalo de modo que sus patas queden planas y la pechuga quede hacia arriba. Presiona la pechuga con la palma de la mano; deberías escuchar un pequeño crujido en los huesos, lo que permite que el pollo quede plano sobre la tabla. (Si va a asar el pollo el mismo día, lea la Nota al final de la receta. Si va a dejar el pollo en salmuera durante la noche, continúe con el siguiente paso).
Cubra una bandeja para hornear con papel de aluminio y coloque una rejilla encima.
Sazone el pollo con lo que parecerá demasiada sal, casi no puede agregar demasiada. Esto secará el pollo durante la noche y luego quitarás el exceso de sal, dejándolo perfectamente en salmuera.

Una vez que todo el pollo esté completamente salado, colóquelo sobre la parrilla, con la pechuga hacia arriba, y déjelo sin tapar en el refrigerador durante al menos 6 horas y hasta 36 horas.

Mientras tanto, haz la mantequilla de chile y cebollín. Puede hacer esto con anticipación y refrigerarlo, o hacerlo poco antes de que planee asar el pollo. En un procesador de alimentos, combine los chiles, las cebolletas y el ajo y tritúrelos hasta que tenga una especie de pasta, raspando los lados del tazón según sea necesario (o córtelos muy, muy finamente a mano). Agregue la mantequilla y mezcle todo junto, raspando los lados según sea necesario, hasta que tenga una mantequilla compuesta unificada. Mida 4 cucharadas de mantequilla compuesta y póngala en el refrigerador (esto será para la salsa de mantequilla). Transfiera la mantequilla restante a un recipiente y manténgala tapada a temperatura ambiente hasta por 4 horas. Si lo prepara con anticipación y lo refrigera, solo asegúrese de dejar que vuelva a la temperatura ambiente antes de usarlo.

Cuando esté listo para asar, precaliente el horno a 450°F.

Cepille cualquier exceso de sal del pollo. Separe la piel del pollo con las manos (puede sonar un poco espantoso, pero vale la pena el esfuerzo) moviendo suavemente los dedos debajo de la piel del pollo, tanto en la pechuga como en las piernas. Separe la membrana, creando una piel suelta sin rasgarla, si es posible. Esto hará que la piel quede más crujiente, al mismo tiempo que le dará un lugar para agregar la mantequilla compuesta.

Una vez separados, use una cuchara (o sus manos) para untar la mantequilla compuesta a temperatura ambiente debajo de la piel del pollo, tratando de distribuirla lo más completamente posible debajo de la piel de las pechugas, muslos y muslos. Use cualquier exceso de mantequilla en sus manos o en el tazón para frotar las alas y luego métalas detrás del pollo. Finalmente, espolvorea el exterior del pollo con el polvo de hornear.

Vuelva a colocar el pollo en la rejilla de alambre, con la pechuga hacia arriba y transfiéralo al horno. Ase hasta que un termómetro para carne insertado en la parte más gruesa de la pechuga registre

150 °F y la parte más gruesa del muslo registre 165 °F. El tiempo de cocción puede variar mucho, pero 45 minutos es un buen indicador aproximado.

Deje reposar el pollo durante al menos 10 minutos antes de cortarlo y servirlo.

Mientras tanto, para hacer la salsa de mantequilla, en una cacerola, combine el jugo de limón y el agua y hierva a fuego medio-alto. Tome las 4 cucharadas de mantequilla compuesta fría reservada del refrigerador y divídalas en cuatro trozos. Una vez que el líquido se haya reducido a la mitad, reduce el fuego a medio, agrega el primer trozo de mantequilla y bate constantemente para incorporarlo. Una vez disuelto, añade el siguiente. Continúa repitiendo hasta que tengas una salsa unificada. Si la salsa se ha separado, puede agregar unas gotas de agua y volver a batir para ayudar a que se vuelva a juntar. Sazona al gusto con sal y sírvelo al lado del pollo.

Nota Si no vas a poner el pollo en salmuera durante la noche y planeas asarlo el mismo día, después de asar el pollo, colócalo con la pechuga hacia arriba sobre una rejilla en una bandeja para hornear forrada con papel de aluminio. Prepare la mantequilla de chile y cebollín como se indica y unte debajo y sobre la piel. Espolvoree el pollo con un generoso condimento de sal kosher alrededor de todo el exterior del pollo, luego siga con el polvo de hornear. El resto de la receta es igual.

POSTRE

87.   Sándwiches de helado All Star

Porción: 4 porciones. | Preparación: 10 minutos | Cocinar: 5 minutos | Listo en:

Ingredientes

1/2 taza de helado de masa para galletas con chispas de chocolate, suavizado

8 galletas oreo

6 onzas de cobertura de caramelo de chocolate con leche, derretida

Chispitas rojas, blancas y azules

Dirección

Vierta en la mitad de las galletas con 2 cucharadas. de helado, luego pon las galletas sobrantes encima. Cubra la parte superior con el recubrimiento derretido, luego use chispas para decorar. Congele en una bandeja para hornear durante un mínimo de una hora.

Información nutricional

Calorías:

Colesterol:

Proteína:

Grasa total:

Sodio:

Fibra:

Carbohidratos totales:

88. Tarta De Crema De Manzana

Porciones: 8 | Preparación: 25 minutos | Cocinar: 35 minutos | Listo en:

Ingredientes

4 tazas de manzanas en rodajas finas
1 taza de azúcar blanca
2 cucharadas de harina para todo uso
1 cucharadita de nuez moscada molida
2 cucharaditas de canela molida
4 cucharadas de mantequilla
2 tazas mitad y mitad
1 receta de pastelería para un pastel de una sola masa de 9 pulgadas

Dirección

Ponga el horno a 190 °C (375 °F) y comience a precalentar.
Colocar las manzanas sobre la masa de pastel. Combine la canela, la nuez moscada, la harina y el azúcar. Esparcir sobre la capa de manzana.
Caliente la mantequilla hasta que se derrita y mezcle con la crema; esparcir sobre las manzanas.
Hornee a 190 °C (375 °F) durante 35 minutos, hasta que la cáscara se dore, se llenen las burbujas y las manzanas se ablanden. Dejar enfriar hasta alcanzar temperatura ambiente; enfriamos en la nevera para que cuaje el relleno.

Información nutricional

Calorías: 383 calorías;
Colesterol: 38
Proteína: 3.6
Grasa Total: 20.5
Sodio: 183
Carbohidratos Totales: 48.6

89. Empanadillas De Manzana Con Salsa

Porción: 8 porciones. | Preparación: 60 minutos | Cocinar: 50 minutos | Listo en:

Ingredientes

3 tazas de harina para todo uso
1 cucharadita de sal
1 taza de manteca
1/3 taza de agua fría
8 manzanas ácidas medianas, peladas y sin corazón
8 cucharaditas de mantequilla
9 cucharaditas de canela y azúcar, cantidad dividida

SALSA:

1-1/2 tazas de azúcar morena envasada
1 taza de agua
1/2 taza de mantequilla, en cubos

Dirección

Mezcle la sal y la harina en un tazón grande, luego corte la manteca hasta que se desmorone. Ponga en agua gradualmente y use un tenedor para revolver hasta que se forme una bola de masa. Divida la masa en 8 porciones, luego cubra y enfríe hasta que sea fácil de manipular, durante un mínimo de media hora.

Ponga el horno a 350 grados y extienda cada porción de masa entre 2 hojas de papel encerado cubiertas ligeramente con harina, en un cuadrado de 7 pulgadas. Ponga 1 manzana en cada cuadrado, luego ponga 1 cucharadita de mantequilla y canela-azúcar en el medio de cada manzana.

Reúna suavemente las esquinas de la masa en cada centro mientras corta cualquier exceso, luego presione los bordes para sellar. Corte hojas y tallos de manzana de los restos de masa, si lo desea, luego use agua para unirlos a las albóndigas. Coloque en una fuente para hornear de 13 pulgadas x 9 pulgadas cubierta con grasa y use la canela y el azúcar sobrantes para espolvorear por encima.

Mezcle los ingredientes de la salsa en una cacerola grande. Lleve a ebullición mientras revuelve hasta que se mezclen, luego rocíe sobre las manzanas.

Hornee hasta que la masa se dore y las manzanas estén suaves, alrededor de 50 a 55 minutos, mientras rocía de vez en cuando con la salsa sobrante. Servir tibio.

Información nutricional

Calorías: 760 calorías

Proteína: 5g de proteína.

Grasa total: 40 g de grasa (16 g de grasa saturada)

Sodio: 466 mg de sodio

Fibra: fibra 3g)

Carbohidratos totales: 97 g de carbohidratos (59 g de azúcares

Colesterol: 41 mg de colesterol

90. Hojaldre de limón y manzana

Porción: 1 porción. | Preparación: 20 minutos | Cocinar: 15 minutos | Listo en:

Ingredientes

1-1/2 cucharaditas de mantequilla
1 manzana pequeña, pelada, sin corazón y cortada en aros
6 cucharaditas de azúcar, divididas
1 huevo grande, separado
1/2 cucharadita de ralladura de limón
1/4 cucharadita de extracto de vainilla
1/2 cucharadita de harina para todo uso

Dirección

En una sartén, derrita la mantequilla a fuego medio. Agrega aros de manzana; espolvorea 2 cucharaditas de azúcar por encima. Cocine hasta que estén suaves, volteando 1 vez. Batir la vainilla, la ralladura de limón y la yema de huevo en un bol durante 1 minuto. Batir la clara de huevo en un recipiente aparte hasta formar picos rígidos; incorporar el azúcar y la harina sobrantes. Doblar en la mezcla de yema de huevo. En una fuente para hornear de 2 tazas ligeramente cubierta con aceite, coloque los aros de manzana. Cubra con la mezcla de huevo esparciendo. Hornee a 350 ° hasta que esté firme y dorado, o durante 15-18 minutos. Voltee sobre un plato para servir boca abajo.

Información nutricional

Calorías: 292 calorías
Sodio: 121 mg de sodio
Fibra: fibra 3g)
Carbohidratos totales: 43 g de carbohidratos (38 g de azúcares
Colesterol: 228 mg de colesterol
Proteína: 7g de proteína.
Grasa total: 11 g de grasa (5 g de grasa saturada)

91. Crujiente de frambuesa y manzana

Porción: 12 porciones. | Preparación: 35 minutos | Cocinar: 40 minutos | Listo en:

Ingredientes

10 tazas de manzanas ácidas peladas y cortadas en rodajas finas (alrededor de 10 medianas)

4 tazas de frambuesas frescas

1/3 taza de azúcar

3 cucharadas más 3/4 taza de harina para todo uso, cantidad dividida

1-1/2 tazas de avena pasada de moda

1 taza de azúcar morena envasada

3/4 taza de harina de trigo integral

3/4 taza de mantequilla fría

Dirección

En un bol grande, poner las frambuesas y las manzanas. Ponga 3 cucharadas de harina para todo uso y azúcar; mezcle ligeramente para cubrir. Agregue a un engrasado de 13x9 pulgadas. molde para hornear

Mezcle la harina para todo uso sobrante, la harina de trigo integral, el azúcar morena y la avena en un tazón pequeño. Triture en mantequilla hasta que se desmorone; esparcir por encima (el plato estará lleno).

Hornee a 350 °, sin tapar, durante 40-50 minutos o hasta que la cubierta esté dorada y el relleno burbujeante. Servir mientras está caliente.

Información nutricional

Calorías: 353 calorías

Sodio: 89 mg de sodio

Fibra: fibra 6g)

Carbohidratos totales: 59 g de carbohidratos (35 g de azúcares

Colesterol: 30 mg de colesterol

Proteína: 4g de proteína.

Grasa total: 13 g de grasa (7 g de grasa saturada)

92. Medias Lunas De Manzana Y Nuez

Porción: 16 porciones. | Preparación: 15 minutos | Cocinar: 20 minutos | Listo en:

Ingredientes

2 paquetes (8 onzas cada uno) de panecillos refrigerados
1/4 taza de azúcar
1 cucharada de canela molida
4 manzanas ácidas medianas, peladas y cortadas en cuartos
1/4 taza de nueces picadas
1/4 taza de pasas, opcional
1/4 taza de mantequilla, derretida

Dirección

Prepare el horno precalentándolo a 375 grados F. Desdoble una masa en forma de media luna y divídala en 16 triángulos. Mezcla la canela y el azúcar; rocíe aproximadamente 1/2 cucharadita en cada triángulo. Coloque un cuarto de manzana cerca del lado corto y enrolle. Luego coloque en un molde para hornear de 15x10x1 pulgadas que esté engrasado. Fuerza las pasas y las nueces en la parte superior de la masa si lo deseas. Espolvorear con mantequilla. Rocíe con el azúcar de canela restante. Coloque dentro del horno precalentado y hornee durante 20-24 minutos o hasta que estén doradas. Servir caliente.

Información nutricional

Calorías: 177 calorías
Sodio: 243 mg de sodio
Fibra: 1g de fibra)
Carbohidratos totales: 19 g de carbohidratos (9 g de azúcares
Colesterol: 8 mg de colesterol
Proteína: 2g de proteína.
Grasa total: 10 g de grasa (3 g de grasa saturada)

93. Tarta de albaricoque y bayas

Porción: 2 porciones. | Preparación: 15 minutos | Cocinar: 0 minutos | Listo en:

Ingredientes

1 taza de frambuesas y/o moras frescas
1 cucharada de azúcar
pizca de nuez moscada molida
1/4 taza de mermelada de albaricoque
1 cucharadita de mantequilla
pizca de sal
2 bizcochos redondos individuales
Crema batida

Dirección

Mezcla la nuez moscada, el azúcar y las bayas en un tazón pequeño; cubrir. Refrigera por una hora.

Mezcle y cocine la sal, la mantequilla y la mermelada en una cacerola pequeña a fuego lento hasta que la mantequilla se derrita. Caliente los bizcochos en el microondas durante 20 segundos a temperatura alta; poner en platos para servir. Pon la mezcla de bayas encima; rocíe la salsa de albaricoque por encima. Ponga una cucharada de crema batida encima.

Información nutricional

Calorías: 253 calorías
Carbohidratos totales: 54 g de carbohidratos (32 g de azúcares
Colesterol: 33 mg de colesterol
Proteína: 2g de proteína.
Grasa total: 4 g de grasa (2 g de grasa saturada)
Sodio: 283 mg de sodio
Fibra: fibra 4g)

94. Fudge de mantequilla de maní

Porción: 3 libras. | Preparación: 20 minutos | Cocinar: 5 minutos | Listo en:

Ingredientes

1 cucharadita más 1/2 taza de mantequilla, cantidad dividida
1 taza de mantequilla de maní gruesa
1 paquete (8 onzas) de queso procesado (Velveeta), en cubos
1 paquete (2 libras) de azúcar glas
1-1/2 cucharaditas de extracto de vainilla

Dirección

Use papel de aluminio para forrar un molde de 13 pulgadas x 9 pulgadas y unte con mantequilla el papel de aluminio con 1 cucharadita de mantequilla; poner a un lado.

Mezcle la mantequilla sobrante, el queso y la mantequilla de maní en una cacerola grande y pesada. Cocine y mezcle a fuego medio hasta que se derrita. Apartar del calor. Mezcle la vainilla y el azúcar glas gradualmente hasta que se combinen (la mezcla será espesa). Esparcir en una fuente forrada. Refrigera por 2 horas o hasta que esté firme.

Retire el dulce de azúcar de la sartén con papel de aluminio. Tirar papel de aluminio; corte el dulce de azúcar en cuadrados de 1 pulgada. Poner en un recipiente hermético para guardar en la nevera.

Información nutricional

Calorías: 69 calorías
Carbohidratos totales: 10 g de carbohidratos (9 g de azúcares
Colesterol: 5 mg de colesterol
Proteína: 1 g de proteína. Intercambios diabéticos: 1/2 almidón
Grasa total: 3 g de grasa (1 g de grasa saturada)
Sodio: 50 mg de sodio
Fibra: 0 fibra)

95. Tarta de queso con mantequilla famosa

Porción: 12 porciones. | Preparación: 30 minutos | Cocinar: 01horas05 minutos | Listo en:

Ingredientes

1-1/2 tazas de migas de galleta graham
1/3 taza de azúcar morena envasada
1/3 taza de mantequilla, derretida
1 lata (14 onzas) de leche condensada azucarada
3/4 taza de leche fría al 2%
1 paquete (3.4 onzas) de mezcla instantánea para pudín de caramelo
3 paquetes (8 onzas cada uno) de queso crema, ablandado
1 cucharadita de extracto de vainilla
3 huevos grandes, ligeramente batidos
Crema batida y caramelos de caramelo triturados, opcional

Dirección

Coloque un molde desmontable de 9 pulgadas aceitado sobre una lámina resistente de doble grosor (alrededor de 18 pulgadas cuadradas). Envuelva con seguridad papel de aluminio alrededor de la sartén. Mezcle el azúcar y las migas de galleta en un tazón pequeño; mezclar con mantequilla. Presiona la mezcla sobre el fondo del molde preparado. Coloque la sartén en una bandeja para hornear. Hornear 10 minutos a 325 grados. Coloque sobre una rejilla para enfriar.

Bate la mezcla para pudín y las leches en un tazón pequeño, aproximadamente 2 minutos.

Deje reposar hasta que se ablande, aproximadamente 2 minutos.

Al mismo tiempo, bata el queso crema en un tazón grande hasta que quede suave. Batir la vainilla y el pudín. Poner los huevos y batir a baja velocidad hasta que se mezclen. Vierta sobre la corteza. Coloca el molde desmontable en un molde para hornear grande; vierta 1 pulgada de agua caliente en una fuente más grande.

Hornee de 65 a 75 minutos a 325 grados hasta que la parte superior se vea opaca y el centro esté casi listo. Saque el molde desmontable del baño de agua.

Dejar enfriar sobre rejilla 10 minutos.

Pase un cuchillo siguiendo el borde de la sartén con cuidado para aflojar; dejar enfriar 1 hora más. Enfriar en la nevera durante la noche. Si lo desea, use crema batida y caramelos de caramelo para decorar.

Información nutricional

Calorías: 473 calorías

Proteína: 10 g de proteína.

Grasa total: 30 g de grasa (18 g de grasa saturada)

Sodio: 460 mg de sodio

Fibra: 0 fibra)

Carbohidratos totales: 42 g de carbohidratos (34 g de azúcares

Colesterol: 141 mg de colesterol

96. Galletas de nueces austriacas

Porción: 10 galletas sándwich. | Preparación: 30 minutos | Cocinar: 10 minutos | Listo en:

Ingredientes

1 taza de harina para todo uso
2/3 taza de almendras finamente picadas
1/3 taza de azúcar
1/2 taza de mantequilla, ablandada
1/4 taza de mermelada de frambuesa sin semillas

CREMA:

1 onza de chocolate sin azúcar, derretido y enfriado 1/3 taza de azúcar glas 2 cucharadas de mantequilla, ablandada Almendras rebanadas, opcional

Dirección

Mezclar el azúcar, las almendras picadas y la harina en un bol; mezcle la mantequilla hasta que la masa se combine. Estirar la masa a 1/8-in. espesa sobre una superficie enharinada; corte usando 2-in. cortador redondo. Ponga en bandejas para hornear engrasadas, 1-in. aparte; cubrir. Refrigerarlos por 1 hora.

Descubrir; hornee a 375 ° hasta que los bordes estén ligeramente dorados o de 7 a 10 minutos. Transferir a rejillas de alambre; completamente genial Unte 1/2 galletas con mermelada; Cubra con otra galleta.

Glaseado: Mezcle la mantequilla, el azúcar glas y el chocolate; esparcir sobre las galletas. Usa almendras fileteadas para decorar.

Información nutricional

Calorías: 277 calorías
Grasa total: 18 g de grasa (9 g de grasa saturada)
Sodio: 92 mg de sodio
Fibra: 2g de fibra)
Carbohidratos totales: 28 g de carbohidratos (16 g de azúcares
Colesterol: 31 mg de colesterol
Proteína: 4g de proteína.

97. Pastel De Puré De Manzana Y Plátano

Porción: 16-20 porciones. | Preparación: 40 minutos | Cocinar: 25 minutos | Listo en:

Ingredientes
1 taza de mantequilla, ablandada
2 tazas de azúcar
4 huevos, separados
3 tazas de harina para todo uso
2 cucharaditas de polvo de hornear
1 taza de leche
1/2 cucharadita de extracto de vainilla
1/2 cucharadita de extracto de limón

RELLENO:
2 tazas de compota de manzana endulzada
3 plátanos medianos firmes, en rodajas
3 cucharadas de jugo de limón

CREMA:
1 taza de azúcar
2 claras de huevo
3 cucharadas de agua
1/2 cucharadita de cremor tártaro
1/4 cucharadita de sal
1 cucharadita de extracto de vainilla
1/4 taza de coco rallado endulzado, tostado

Dirección
Bate el azúcar y la mantequilla en un bol grande hasta que quede esponjoso y ligero. Batir la yema de huevo y luego los extractos. Mezcle el polvo de hornear y la harina, luego póngalos en la mezcla cremosa alternando con la leche mientras
batiendo bien después de cada incremento.
Bate las claras de huevo en un tazón pequeño para formar picos suaves, luego incorpóralos suavemente a la masa. Transfiera a 3 moldes para hornear redondos de 9 pulgadas cubiertos con grasa. Hornee a 350 grados hasta que la torta esté lista, alrededor de 25 a 30 minutos. Dejar enfriar unos 10 minutos, luego sacar de los moldes y colocar sobre rejillas para enfriar completamente.

Divida el puré de manzana y extiéndalo en 2 capas de pastel. Sumerge los plátanos en el jugo de limón y colócalos sobre el puré de manzana. Apile en un plato para servir con una capa simple encima.

Para hacer el glaseado, mezcle la sal, la crema de tártaro, el agua, las claras de huevo y el azúcar en una cacerola grande y pesada a fuego lento. Batir con una batidora manual a baja velocidad durante aproximadamente un minuto, luego seguir batiendo a baja velocidad a fuego lento durante 8 a 10 minutos, hasta que el glaseado alcance los 160 grados.

Transfiera a un tazón grande, luego ponga la vainilla. Bate a velocidad alta durante 7 minutos, hasta que se formen picos firmes. Escarcha la parte superior y los lados del pastel, luego usa coco para espolvorear. Mantener en la nevera para el almacenamiento.

Información nutricional

Calorías: 332 calorías

Proteína: 4g de proteína.

Grasa total: 11 g de grasa (7 g de grasa saturada)

Sodio: 191 mg de sodio

Fibra: 1g de fibra)

Carbohidratos totales: 55 g de carbohidratos (39 g de azúcares

Colesterol: 69 mg de colesterol

98. Pastel de chips de plátano

Porción: 16 porciones. | Preparación: 25 minutos | Cocinar: 40 minutos | Listo en:

Ingredientes

1 paquete de mezcla para pastel amarillo (tamaño regular)
1-1/4 tazas de agua
3 huevos grandes
1/2 taza de puré de manzana sin azúcar
2 plátanos medianos, machacados
1 taza de chispas de chocolate semidulce en miniatura
1/2 taza de nueces picadas

Dirección

Bate el puré de manzana, los huevos, el agua y la mezcla para pastel en un tazón grande; mezcle la mezcla durante medio minuto a fuego lento. Aumente a velocidad media y mezcle durante 2 minutos. Mezcle las nueces, las papas fritas y los plátanos.

Use spray para cocinar para rociar un molde de tubo acanalado de 10 pulgadas, luego espolvoree con harina; vierta la masa. Hornee a 350 grados hasta que un palillo salga limpio al insertarlo en el medio del pastel, o alrededor de 40 a 50 minutos. Deje que el pastel se enfríe durante 10 minutos; sacar de la sartén y colocar sobre una rejilla, luego enfriar por completo.

Información nutricional

Calorías: 233 calorías
Fibra: 1g de fibra)
Carbohidratos totales: 38 g de carbohidratos (24 g de azúcares
Colesterol: 40 mg de colesterol
Proteína: 3g de proteína.
Grasa total: 9 g de grasa (4 g de grasa saturada)
Sodio: 225 mg de sodio

99. Pastel de plátano

Porción: 16 porciones. | Preparación: 30 minutos | Cocinar: 30 minutos | Listo en:

Ingredientes

1 paquete de mezcla para pastel amarillo (tamaño regular)
1 paquete (3.4 onzas) de mezcla instantánea de pudín de plátano o vainilla
1-1/2 tazas de leche al 2%
4 huevos

CREMA:

1/3 taza de harina para todo uso
1 taza de leche al 2%
1/2 taza de mantequilla, ablandada
1/2 taza de manteca
1 taza de azúcar
1-1/2 cucharaditas de extracto de vainilla
2 cucharadas de azúcar glas

Dirección

Use papel encerado para forrar 2 moldes para hornear de 15"x10"x1" cubiertos con grasa, luego engrase el papel y reserve. Mezcle los huevos, la leche, la mezcla para pudín y la mezcla para pastel en un tazón grande, luego bátalos a velocidad baja durante aproximadamente medio minuto. Continúe batiendo a fuego medio durante aproximadamente 2 minutos.

Extienda la masa en moldes preparados y hornee a 350 grados hasta que un palillo salga limpio después de insertarlo en el centro, aproximadamente de 12 a 15 minutos. Deje que se enfríe unos 5 minutos antes de invertir sobre rejillas para que se enfríe completamente. Retire el papel encerado con cuidado.

Mientras tanto, mezcle la leche y la harina en una cacerola pequeña hasta que quede suave. Lleve la mezcla a ebullición, luego cocine y revuelva hasta que espese, aproximadamente 2 minutos. Retirar del fuego, luego colocar sobre una tapa y dejar enfriar a temperatura ambiente.

Bate el azúcar, la manteca y la mantequilla en el tazón de una batidora de pie resistente hasta que quede esponjoso y ligero. Batir en vainilla. Agregue la mezcla de leche y bata a velocidad alta hasta que quede esponjoso, alrededor de 10 a 15 minutos.

Coloque en una tabla de cortar grande con un pastel y extienda el glaseado por encima. Coloque el pastel sobrante encima y espolvoree con más azúcar glas. Corte el pastel en rebanadas y enfríe las sobras.

Información nutricional

Calorías: 355 calorías

Sodio: 372 mg de sodio

Fibra: 0 fibra)

Carbohidratos totales: 49 g de carbohidratos (35 g de azúcares

Colesterol: 71 mg de colesterol

Proteína: 4g de proteína.

Grasa total: 16 g de grasa (7 g de grasa saturada)

100. Sundaes De Plátano Y Ron Para Dos

Porción: 2 porciones. | Preparación: 10 minutos | Cocinar: 10 minutos | Listo en:

Ingredientes

1 cucharada de mantequilla
1/4 taza de azúcar morena envasada
pizca de nuez moscada molida
2 plátanos medianos firmes, cortados por la mitad y en rodajas
2 cucharadas de pasas doradas
1 cucharada de ron
1 cucharada de almendras rebanadas, tostadas
1-1/3 tazas de helado de vainilla

Dirección

Derrita la mantequilla en una sartén antiadherente grande a fuego medio-bajo.
Revuelva el azúcar moreno y la nuez moscada en la mezcla hasta que se mezclen.
Apague el fuego; agregue las almendras, las pasas, el ron y los plátanos. Cocine a fuego medio, revolviendo suavemente, hasta que las bananas estén ligeramente blandas y glaseadas durante unos 3-4 minutos. Servir junto al helado.

Información nutricional

Calorías: 497 calorías
Proteína: 5g de proteína.
Grasa total: 17 g de grasa (10 g de grasa saturada)
Sodio: 124 mg de sodio
Fibra: fibra 4g)
Carbohidratos totales: 82 g de carbohidratos (63 g de azúcares
Colesterol: 54 mg de colesterol

CONCLUSIÓN

La comida reconfortante tiene un lugar especial en el corazón y el estómago de muchas personas. Es el tipo de comida que puede hacernos sentir mejor, incluso en los días más duros. Si bien puede que no siempre sea la opción más saludable, a menudo es la más satisfactoria y gratificante. La comida reconfortante puede unir a las personas, proporcionar una sensación de nostalgia y tradición, y hacernos sentir felices y contentos. Por lo tanto, la próxima vez que necesite un pequeño estímulo, busque su comida reconfortante favorita y saboree cada delicioso bocado.

www.ingramcontent.com/pod-product-compliance
Lightning Source LLC
Chambersburg PA
CBHW070649120526
44590CB00013BA/884